그리심 총서 01

신약의 구속사적 읽기

– 이렇게 보면 어떨까? –

이 동 수

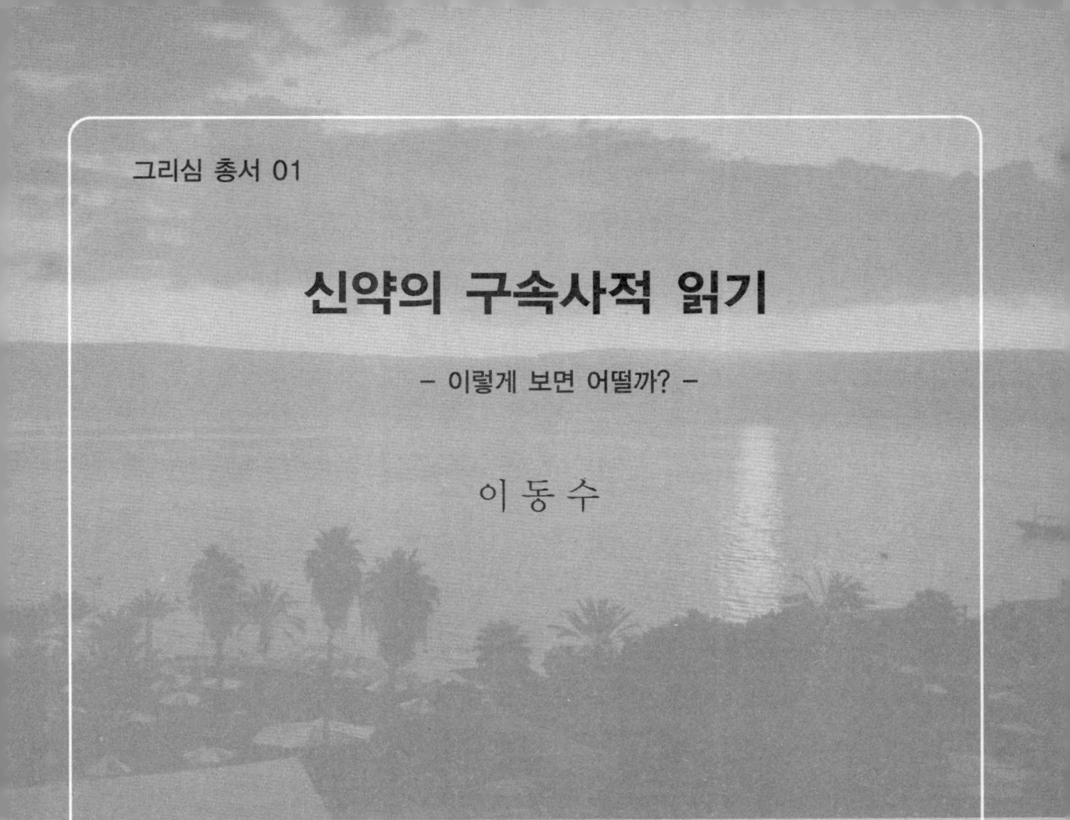

Redemptive Reading
in New Testament

그리심 총서 01

신약의 구속사적 읽기

2009년 11월 30일 초 판 1쇄 인쇄
2009년 12월 10일 초 판 1쇄 발행

저 자 • 이 동 수
발행인 • 조 경 혜
발행처 • 도서출판 그리심
156-763 서울시 동작구 사당5동 196인정 B동(B01)

등록번호 • 제 7-258호(1998. 4. 23)
출 판 사 • 전화 523-7589 팩스 523-7590
홈페이지 • http://grisim.biz
전자우편 • grisimcho@hanmail.net

값: 표지 뒷면에

ISBN 978-89-5799-247-0 93230

ISBN 978-89-5799-246-3(세트) 93230

이 동 수 교수

이동수 교수는 고신대학교(B.A.)와 고려신학대학원(M.Div.)을 나와서 목사 안수를 받았다. 고신대학교 대학원에서 신학 석사(Th.M.)와 미국 Minnesota Graduate School of Theology에서 <신약계시의 상징성 연구>로 철학박사(Ph.D.) 학위를 받고, 고신대학교 대학원에서 <마태복음의 임박한 종말에 관한 연구>로 신학박사(Th.D.) 학위를 받았다. 현재는 백석대학교 기독교학부 교수로 섬기고 있다.

(☎ 041-550-0612)

역 · 저서

『성경적 상징주의에 의한 고린도전서 강해』(신한홍, 2002)
『새로운 시각으로 본 성경적 세계관』(로고스, 공역, 2002)
『신약의 구속사적 연구』(로고스, 2002)
『구약의 구속사적 연구』(기독교연합신문사, 2003)
『기독교에 대한 10가지 질문』(기독교연합신문사, 2003)
『구원받은 자의 삶』(UCN, 2004)
『난제 중심의 신약 읽기』(기독교연합신문사, 2004)
『계시록의 구속사적 연구』(그리심, 2005)
『낙원의 구속사』(그리심, 공역, 2006)
『창조를 위한 하나님의 패턴』(그리심, 2006)

저자 서문

이 책은 「월간목회」2007년 1월호의 <구속사적 설교와 성경연구>란 제목의 인터뷰로부터 시작되었다. 그 후 2007년 4월호부터 10회 정도 <신약의 구속사적 읽기>를 쓰도록 했으나, 독자들의 호응이 있어 1년을 더 연장하여 총 20회의 글을 쓰게 되었다. 매월 졸고를 기다리며 꼼꼼히 읽어준 이성민 편집장님과 「월간목회」의 관계자들 그리고 독자들께 감사를 드린다. 그리고 그저 철지난 잡지의 한 귀퉁이를 차지한 원고에 불과했을 이 글들을 이렇게 멋진 책으로 묶어준 그리심 출판사의 관계자들에게 진심으로 감사를 드린다. 또한 영원한 멘토이신 황창기 박사님과 James B. Jordan 박사님께 감사드린다. 그리고 말씀과 기도에 전무할 수 있도록 배려해주신 백석대학교 설립자 장종현 박사님께 감사를 드린다. 그리고 사랑하는 가족들(최혜란, 이주실, 주안)과 기쁨을 나누고 싶다. 끝으로 당시 인터뷰한 내용의 일부를 정리하며 서문을 대신하고자 한다.

오늘날 한국 교회의 위기가 소위 '강단의 위기'인 것은 누구도 부인하지 못할 사실이다. 이 강단의 위기의 핵심은 '성경이 성경으로 선포되지 않는다'는데 있다. 강단에서 성경이 성경으로 증거되지 않으니, 성도들이 하나님을 하나님으로 섬기지 못하는 것이다. 오늘날 교회의 강단에서 행해지는 많은 설교들을 천주교의 성당이나 유대교의 회당에서 사용하면 어떤 결과가 발생할까? 심지어 용어만 조금 바꾸어, 예를 들면 '거룩하신 하나님' 대신에 '대자대비하신 부처님', '은혜' 대신에 '가피', '사랑' 대신 '자비' 등으로, 불교의 사찰에서 사용하면 어떤 결과가 일어날까? 불행하게도 청중들은 여전히 은혜(?)를 받을 것이다. 그러나 구속사적으로 설교를 한다면 돌이 날라 오거나 청중들이 눈물로 회개하게 될 것이다. 사도행전의 베드로의 설교가 그랬고 스데반의 설교가 그랬다. 설교는 죽느냐 죽이느냐의 갈림길에서 행해지는 '생명사건'이다. 때로는 내가 죽어야 청중이 사는, 그래서 목숨을 걸어야 할 일이다. 구속사적 설교는 말씀의 검으로 청중을 죽이고 다시 살리는 힘이 있다. 복음의 능력이 나타나는 것이다. 그런데 오늘날 어떤 설교는 지나치게 도덕적이고 교훈적이다. 성경을 본문으로 사용하지 않고 어느 위인전이나 신문의 사설 한 토막을 읽어 놓고도 얼마든지 행해질 수 있는 기독교적 연설이다. 이러한 강단의 위기에 대한 해결책은 구속사적 설교라고 생각한다.

구속사(Heilsgeschichte)란 용어는 19세기 Von Hofmann이 신학적으로 정착시킨 이래로 많은 혼란을 지니고 사용되고 있다. 주로 실존적 이해(Barth, Bultmann 등)와 에어랑엔 학파(Von Hofmann, Cullmann 등)와 화란개혁파(K. Schilder, B. Holwerda 등)의 개념 사이에는 어느 정도 거리가 있는 것이다. 그 영향으로 한국교계에서도 다양한 개념으로 구속사란 용어가 쓰이고 있는 것 같다.

첫째, 그리스도 중심으로 성경을 해석하는 것이다. 이는 '구약에 나타난 그리스도 연구'라든지 '모형론' 등을 들 수 있을 것이다. 크로스웨이나 베델성경공부도 구속사적 성경연구라기보다는 그리스도 중심의 성경연구라고 보아야 할 것이다. 이러한 그리스도 중심의 해석은 삼위일체적 접근을 제한할 수 있다. 삼위의 구속사 중에 기독론에 치우치게 되는 것이다.

둘째, 창조 – 타락 – 구속의 기독교 세계관으로 구속사를 이해하는 것도 어느 정도 문제점이 있다고 생각된다. 이는 기독교 세계관(world view)인데, 이러한 세계관이 역사와 문화를 이해하는 데에는 도움이 되어도 지나치게 도식적인 접근을 하게 되어 성경의 리얼리티를 상실하게 할 수 있다. 성경은 예수 그리스도의 피묻은 복음의 기록인 동시에 인간의 땀과 눈물로 얼룩진 것이다. 성경은 그리스도의 향기가 묻어 있는 것인 동시에 인간의 땀내와 구린내가 배여 있는 실존적 역사의 기록이다. 창조-타락-구속의 기독교 세계관적 해석은 이러한 인간의 실존을 읽어내지 못하게 할 위험성이 있다.

그래서 '구속사'라는 것은 '구속을 위한 계시사'로 이해하는 것이 바람직 할 것이다. 즉 구속사는 삼위일체 하나님께서 구속의 경륜을 인간의 역사 안에서 이루어 가시는 일련의 과정들이다. 인간의 역사라는 실존적 틀 안에서 하나님께서 창조하셨지만, 타락한 인간을 구원하시는 모든 과정들이 구속사이고, 그 과정을 드러낸 것이 계시역사이다. 그래서 이미 구속사 연구의 본 고장이라고 할 수 있는 화란에서는 '계시사

(啓示史, historia revelationis, Offenbarungsgeschichte)'나 성역사(聖歷史, historia sacra, heilige geschiedenis)라는 용어가 선호되었던 것이다. 그러나 우리에게 다소 생소할 수 있는 '계시사'나 '성역사'란 용어를 고집할 필요는 없다고 생각한다. 다만 기독론 중심의 구속사에서 삼위일체 하나님 중심의 구속사로 시각을 넓히는 전환이 필요할 것이다.

2009년 10월

가을빛이 아름다운 안서골에서

이 동 수 교수

차 례

Ⅳ. 성령과 종말

"

이 글은 주로 구속사적인 안목으로 본문을 살피려했기 때문에 다른 중요한 신학적 관점들을 모두 다루지 않았음을 밝힌다.

"

1. 그리스도의 오심

1. 세례요한의 구속사적 위치(누가복음 3:1-22)

2. 메뚜기와 석청(마태복음 3:1-12)

3. 예수 그리스도의 새 창조(마태복음 1:1-16)

4. 그리스도에 의해 예언이 성취됨(마태복음 2:13-18)

1. 세례요한의 구속사적 위치

누가복음 3:1-22을 이렇게 보면 어떨까?

들어가면서

언제나 답은 질문 속에 있다. 질문의 수준이 문제의 본질을 이해하고 있는 수준이기 때문이다. 이를 질문형성능력이라고 한다. 과연 세례 요한은 누구인가? 예수님을 소개하는 전도자인가? 아니면 말라기 이후 중단된 선지자 운동을 이어간 선지자인가? 그런데 왜 예수님은 이 요한을 선지자보다도 나은 자라고 하셨을까(마 11:9)? 심지어 여자가 나은 자 중에 요한보다 큰 이가 일어남이 없다고 하셨을까(마 11:11)? 예수님의 이러한 평가는 무엇에 근거한 것인가? 그러면서 또한 왜 천국에서는 극히 작은 자라도 저보다 크다고 하셨을까? 요한 자신도 무엇 때문에 예수님은 흥해야 하고 자신은 쇠해야 한다고 했을까? 이런 것들이 구속사에 어떤 의의가 있을까? 더 많은 질문이 가능하고, 모든 질문에 대한 답을 찾기는 어려울지라도, 우리는 이러한 질문들을 염두에 두고 성경을 읽을 필요가 있을 것이다.

이 글은 세례 요한의 구속사적 위치를 확인하기 위해 쓴 것이다. 세례 요한의 구속사적 위치는 아마도 우리가 누가복음 3:1-22를 주해하는 과정에서 잘 드러나게 될 것이다. 신약에서 세례 요한을 다룬 본문들이 많이 있지만(마 3:1-12, 막 1:1-8, 요 1:19-34 등), 역사가로서 누가는 요한의 사라짐과 예수님의 등장이라는 구속사적인 진전을 잘 나타내 보이고 있기 때문이다. 이 글은 주로 구속사적인 안목으로 본문을 살피려했기 때문에 다른 중요한 신학적 관점들을 모두 다루지 않았음을 밝힌다.

1. 세례 요한의 등장(눅 3:1-3)

누가는 의사이다(골 4:14). 병원에 가면 소위 환자의 차트가 있다. 거기에는 환자가 앓은 병력과 치료에 관한 history가 기록되어 있다. 의사는 역사가이고, 역사가로서 누가는 사도행전을 포함하여 다른 어느 복음서보다 역사적 정황들을 꼼꼼하게 기록하고 있다. 덕분에 우리는 당대의 시대상을 잘 엿볼 수 있다.

정치적 배경은 "디베로 가이사가 위에 있은 지 열 다섯 해"였다. 디베료(Tiberius)는 아구스도(Augustus)의 후계자였다. 아구스도는 그에게 아내와 이혼하고 자기 딸 쥴리아(Julia)와 결혼할 것을 요구했다. 그는 이를 수락하고 황제가 되었다. 예나 지금이나 권력은 잔인한 대가를 요구하는 것 같다. 그의 통치 15년은 AD 28-29년인데, 요한의 사역은 26년경에 시작되었을 것이다. 그 이유는 원로원의 법령에 의하여 그가 양부 아구스도와 공동으로 통치한 2년을 포함시켰기 때문이다. 그 로마

황제가 유대총독의 자리에 다섯 번째 파송한 이가 "본디오 빌라도"이다. 그는 AD 26년에서 36년까지 유대지방을 통치했다. 그리고 '분봉왕 헤롯'은 헤롯 대왕(Herod the Great)과 말타스(Malthace) 사이에 태어난 헤롯 안디바인데, 그는 갈릴리와 베뢰아를 통치했다(BC 4년-AD 39년).

종교적 배경은 "안나스와 가야바가 대제사장으로 있을 때"였다. '대제사장 안나스'는 AD 6년에 퀴리니우스에 의해 임명되었다가, 15년에 발레리우스 그라티우스에 의해 해임되었다. 그러나 해임 후에도 산헤드린의 정신적 통치자로 군림했다. 다섯 아들과 한명의 손자까지 그 뒤를 이어 대제사장직을 승계했다. 심지어 사위가 그 직을 계승한 경우도 있었는데 그가 바로 가야바이다. 아들이 아닌 사위에게 변칙적으로 세습된 경우라고 할까? '가야바'는 AD 18년에서 36년까지 대제사장으로 활동하였다. 그러나 안나스는 그 영향력 때문에 가야바와 동시에 언급되고 있는 것으로 보인다. 누가의 이러한 묘사는 당시의 연대에 대한 정보를 제공할 뿐 아니라 어두운 종교적 상황을 지적하는 것이기도 하다. 이방인들에 의한 제사장직의 혼란은 우리로 하여금 당시 팔레스타인 지역의 전반적인 혼란을 쉽게 추측할 수 있게 한다. 교회가 교회의 본질을 잃고 교회 밖의 영향력에 의해 좌우되는 것은 우리 시대에도 두려워해야 할 일일 것이다.

이런 혼란의 시대에 하나님의 말씀이 세례 요한에게 임한다. 이 "하나님의 말씀이 임한다"는 표현은 신약성경에서 여기에만 나타난다. 그러나 이것은 칠십인역(LXX)에서 선지자들에게 임한 신적인 영감을 나타내기 위하여 흔하게 사용된 표현이다(창 15:1, 삼상 15:10, 삼하 7:4, 왕상

17:2, 8, 18:1, 19:9). 구약 선지자들에게 사용되었던 이 표현은 마지막으로 요한에게 사용되었다. 즉 세례 요한은 마지막 선지자로 등장한 것이다.

그리고 세례 요한은 "회개의 세례"를 전파했다. 회개의 세례란 문법적으로 '목적'의 소유격으로, 즉 '회개를 위한 세례'(baptism intended to produce repentance)이다. 이는 "회개에 합당한 열매를 맺으라"는 것과 조화를 이룬다(눅 3:8). 요한은 회개를 촉구하는 세례를 전파했고, 그것은 세례 요한이 선지자의 직무를 담당하고 있음을 보여주는 것이다. 그래서 사람들은 요한을 '참 선지자'로 알고 있었다(막 11:32). 그런데 선지자로서 요한의 출현은 우리에게 요한이 옛 언약 백성임을 알게 한다. 선지자에 의한 계시는 옛 언약의 특징이기 때문이다(히 1:1-2). 요한은 옛 언약의 선지자이다. 그러나 종말을 구원과 심판의 날로 말했던 구약의 선지자들과 달리 요한은 오실 자를 지금 여기에 현존하는 분으로 묘사하는 새 언약의 가장 근거리에 있는 선지자이다.

2. 세례 요한에 대한 예언(눅 3:4-6)

누가복음 3:4-6은 이사야를 인용한 말씀이다. 마태복음 3:3이나 마가복음 1:3은 단지 이사야 40:3만 인용했다. 그러나 누가는 이사야 40:4도 인용하고, 이사야 40:5도 일부 변형하여 인용하고 있다.

이사야 40:3-5는 오랜 포로 생활 끝에 고향으로 즐겁게 귀환하는 유대인들의 행렬을 묘사하는 것이다. 여기에 '외치는 자의 소리'가 나온다. 요한은 이것을 자신에게 적용하여 자신이 "광야에서 외치는 자의 소리"라고 한다(요 1:23). 요한은 자신이 누구인지를 잘 알고 있었다. 아마 설교자로서 우리의 최대 고민은 청중의 반응이 아니라 자기정체성에 있을 것이다. 우리는 청중을 움직이는 사람이 아니다. 그것은 하나님이 하실 일이다. 메신저는 메시지를 만드는 사람도 아니다. 그저 하나님의 음성을 받아서 전하는 도구일 뿐이다. 오늘날 설교자의 고민은 하나님께 받은 것이 없으니 전할 것이 없는 것이다. 억지로 설교를 만들지 말라. 먼저 진리의 말씀을 옳게 분변하는 메신저로 자신을 드려라(딤후 2:15).

이사야는 단지 "하나님의 영광을 모든 육체가 보리라"고 했었다(사 40:5). 그런데 누가는 "하나님의 구원을 보리라"라고 해석한다. 모든 육체가 보게 될 하나님의 영광은 예수 그리스도이고, 그를 통한 구원이다(눅 2:32, 요 1:14, 11:4, 고후 4:6). 신약에서 구약은 해석적으로 인용되고 있다. 우리는 성경해석학을 성경에서 배워야 할 것이다. 신약이 구약을 어떻게 해석하고 있는 지를 주목하라. 이사야의 예언이 요한에게 성취되었다. 요한은 예수 그리스도의 길을 예비하는 자이다. 요한의 출현은 이 예수 그리스도의 출현의 서곡이다. 요한 자체로는 의미가 없다. 그래서 모든 복음서에서 요한의 모습은 곧 예수 그리스도의 출현과 더불어 역사 저편으로 사라지고 있는 것이다.

3. 세례 요한에 의한 성취(눅 3:7-17)

우리는 세례 요한의 사역이 예수 그리스도를 중심으로 한 종말론적 사역임을 볼 수 있다. 우리는 시간 중심의 종말론을 주의해야 한다. 시간의 흐름이 만물을 새롭게 하지 않는다. 오직 그리스도 안에 있어야 새로운 피조물이 되는 것이다(고후 5:17).

이사야의 예언은 구체적으로 성취되고 있다. 먼저 성취되고 있는 부분은 세례 요한의 가르침의 사역이다(눅 3:7-14). 요한의 가르침의 내용을 보면 종말론적인 메시지로 가득 차 있다. "이미 도끼가 나무뿌리에" 놓인 "장차 올 진노"의 날은 파루시아의 날이다. 파루시아는 재림이 아니라 '오심'을 의미하는 말일뿐이다. 직접적으로는 AD 70년 예루살렘 멸망의 날이고, 궁극적으로는 예수님을 통한 구원과 심판의 날이다. 요한의 본질적인 사역은 예수 그리스도를 전하는 것이었다. 요한이 전한 예수님은 "성령과 불로 세례를 주는" 분이다(16절). 성령과 불은 다른 것이 아니다. 이 불은 오순절 성령의 불이며, 구원과 심판의 기능을 하는 것을 볼 수 있다. 오순절의 불은 신약 교회가 참 하나님의 교회임에 대한 하나님의 인증이며(구원), 동시에 이제 예루살렘 성전은 더 이상 하나님의 공회가 아니라 실상은 사단의 회(계 2:9)임을 증거하는 것이다(심판). 성경에서 교회가 세워질 때마다 하나님의 불이 이를 인증한 것을 기억하라(레 9:24, 왕상 18:38, 대하 7:1, 행 2:2). 성령의 불이 없는 교회는 더 이상 교회가 아닌 것이다. 불이 없는 거짓 교회는 참 교회를 핍박한다. 아벨에겐 하나님의 불이 가인에겐 질투의 불이 붙었음이 역사의 교훈이다.

4. 세례 요한의 사라짐과 예수님의 출현(눅 3:18-22)

누가는 갑자기 세례 요한이 헤롯에 의해 투옥된 사실을 언급한다. 이는 단순히 헤롯의 악함과 요한의 선함을 대조하는 문학적인 장치로 사용되었을까? 왜 갑자기 누가는 세례 요한의 투옥을 삽입하였을까?

누가는 처음 세례 요한에 대해서 길게 언급한다. 그러나 그가 예수님과 요단강에서 마주치자마자 그 강조점은 예수님에게로 집중된다. 그래서 요한은 사라져야 했던 것이다. 이러한 세례 요한의 사라짐을 다루면서 우리는 요한을 새 시대에 속한 사람이라고 하는 주장에 대하여 의구심을 가지게 된다. 혹자는 요한이 옛 언약과 새 언약 시대에 모두 속하지만 그가 선지자일 뿐 아니라 복음 전도자이므로 본질적으로 새 시대에 속한 사람이라고 한다. 그러나 우리는 요한을 옛 언약에 속한 사람으로 보아야 할 것이다. 요한은 여전히 예수님에 대해서 의심했기 때문이다(마 11:3, 눅 7:19, 20). 그러나 새 언약에 속한 백성들은 이러한 의심이 있을 수 없다. 게다가 요한의 사라짐은 요한이 옛 언약에 속한 사람이기에 필연적인 것이었다. 이는 요한의 구원 문제와는 별개의 것이다. 즉 요한은 넓은 의미에서는 하나님의 백성이지만 아직 새 언약에 들어온 자는 아니었다.

누가는 역사가이다. 역사는 사실에 대한 기록이면서 동시에 해석이다. 그러므로 누가는 세례 요한에게 주어졌던 관심들이 예수님에게로 옮겨져야 한다는 구속사적 확신이 있었기 때문에 역사적인 순서를 재배열했다. 즉 예수님의 세례사건 이전이므로 아직 요한이 활동 중이었지만 옥에 갇힌 것을 예수님의 세례 사건 앞에 기록한다. 이는 구속사의 진전에 따른 하나님의 명백한 계획을 보이시기 위한 것이다. 즉 예수님은 흥하여야겠고 요한은 쇠하여야 했기 때문이다(요 3:30). 우리는 요한의 이 외침을 요한의 겸손으로 도덕화해선 안 된다. 이는 겸손의 표현이 아닌 옛 언약 시대(old covenant age)는 끝이 나고 새 언약 시대(new covenant age)가 와야 한다는 종말론적인 선포인 것이다.

예수님께서 세례를 받으시는 것으로 세례 요한의 사역은 절정을 이룬다. 예수님의 세례의 의미는 무엇일까? 다음에 자세히 살필 기회가 있겠지만, 우리는 이 사건이 구속사의 대변혁(Great Transformation)을 예고하는 것임을 간과할 수 없다. 세례 후에 하나님의 특별 계시가 나타난다. 바로 성령이 비둘기의 형상으로 예수님에게 가시적으로 임하고 하늘에서 음성이 모든 사람이 들을 수 있게 들린 것이다. 그러나 하나님께서 이러한 계시들을 통하여 더욱 우리의 눈과 귀를 고정시킬 곳을 지목하셨는데 바로 예수 그리스도이다. 예수 그리스도는 참으로 완성된 하나님의 계시인 것이다(히 1:2). 한편 세례 후에 성령이 비둘기같이 임하심은 새로운 세상에 대한 창조의 이미지를 보여주는 것이다. '첫 창조'에서 하나님의 신은 수면 위를 운행하시었다(창 1:2). 노아에 의한 '재창조'에서 비둘기가 감람나무 잎을 물고 날아왔다(창 8:11). 그러므로 성령이 비둘기같이 임함의 의미는 예수님에 의한 '새 창조'를 보여주는 것이다. 이런 엄청난 구속사적인 진전이 예수님의 세례 사건에서 진행되고 있는 것이다.

나가면서

이제 세례 요한의 구속사적인 위치에 대한 우리의 결론은 자명해졌다. 그는 옛 언약에 속한 마지막 선지자였다. 계시의 진전에 따라 이사야는 '광야에서 주의 길을 예비할 자'가 올 것을 예언했고, 요한은 그 성취로 회개의 세례를 전파했다. 그리고 '자기보다 크신 분'이 뒤에 오실 것이라고 예언했는데 예수님께서 나타나셨던 것이다. 예수님의 나타나심으로 계시는 완성되고, 세례 받으시는 예수님을 통해 하나님의 나라가 새롭게 창조된다.

그림자인 구약의 제사 제도가 보여준 실체는 예수 그리스도였다. 요한은 예수님이 세상 죄를 지고 가는 하나님의 어린양임을 선포했다(요 1:29, 36). 요한은 그리스도에 대한 가장 진전된 계시를 받았기 때문에 "선지자보다도 더 나은 자"요 "여자가 나은 자 중에 가장 큰 자"일 수 있었다. '큰 자'나 '작은 자'라는 용어는 관용적인 표현이다. 당시에 하나님의 말씀을 정확하게 알고 행하는 자는 '큰 자'이고 말씀을 모르고 행치 않는 자는 '작은 자'였다(마 5:19-20). 사실 '랍비'라는 말의 문자적 의미는 '나의 큰 자'라는 것이다.

세례 요한은 여인이 낳은 자 중에서 가장 큰 자였다. 그러나 의심하는 요한은 아직 그 완성된 계시 속에 들어가지 못한, 단지 여인이 낳은 자 중에서 가장 큰 자였을 뿐이다. 여인이 낳지 않은 사람도 있는가? '여인이 낳은 자'란 '물과 성령으로 난 자'에 대조되는 표현이다. 즉 자연적 출생을 의미한다. 여인에 의한 자연적 출생으로는 하나님의 나라에 들어 갈 수 없다. 그러므로 요한은 자연적 출생을 의미하는 '여인이 낳은 자' 중에서는 '가장 큰 자'이지만, 하나님 나라에서 '가장 작은 자'

보다 '작은 자'가 될 수밖에 없었던 것이다.

누가는 우리에게 구속사적인 진전을 보여주기 원했다. 그래서 세례 요한의 투옥 사건까지 삽입하므로 요한은 사라지고 예수 그리스도의 시대가 왔음을 명확하게 보여주는 것이다. 이는 단순히 요한과 예수님의 개인적인 세대교체가 아니라, 구약과 신약, 옛 언약과 새 언약의 전환점이 되는 사건이고, 동시에 하나님의 나라가 이 땅에 도래했음을 알리는 획기적인 구속사적 사건이다. 세례 요한은 옛 언약의 마지막 선지자인 동시에 새 언약의 가장 가까이에 존재했던 선지자였던 것이다.

쿰란 미크베 유적

2. 메뚜기와 석청

마태복음 3:1-12를 이렇게 보면 어떨까?

들어가면서

옛 시대(old age)와 오는 시대(age to come)의 전환점에 존재하는 세례 요한은 옛 언약에 속한 마지막 선지자로서 새 언약의 시작을 알리는 자이다. 그는 메시야의 영광스런 오심을 예비하는 외치는 자의 소리, 즉 약속된 하나님의 사자였고(사 40장), 메시야 앞에서 사람들이 회개하고 돌이키도록 하기 위하여 준비된 엘리야였다(말 4:5-6). 그래서 마태복음은 요한이 약대 털옷을 입고, 허리에 가죽 띠를 띠고, 메뚜기와 석청을 먹었다고 한다(마 3:4). 이는 세례 요한-엘리야 모형론을 보여주는 것이다. 즉 요한은 엘리야처럼 가죽 띠를 띠었고(왕하 1:8), 전통적인 선지자의 옷인 약대 털옷을 입었던 것이다(슥 13:4). 또한 마태는 이사야 40장을 인용하면서, 요한이 그 예언을 성취했다고 말한다.

이렇듯 세례 요한이 예언된 엘리야라는 사실은 누구나 공감할 것이다. 그러나 이 세례 요한-엘리야 모형에서 쉽게 이해되지 않는 한 가지 요소가 있다. 세례 요한이 '메뚜기와 석청'을 먹고 살았다고 하는데, 이 음식은 엘리야 모형의 일부로 선뜻 받아들이기 어렵다. 구약 어디에도 엘리야가 이런 음식을 먹었다는 기록이 없기 때문이다. 게다가 비록 이사야가 메시야를 "뻐터(엉킨 젖)와 꿀"을 먹는 분으로 묘사할지라도(사 7:15, 22), 메뚜기는 언급하지 않을 뿐 아니라, "광야에서 외치는 자의 소리"와 꿀을 연관 짓지도 않는다. 그러면 우리는 요한이 먹은 그 음식의 의미가 무엇인지를 묻게 될 것이다. 메뚜기와 석청은 무엇을 의미하는가? 또한 그가 먹은 이 이상한 음식들이 구속사에서 세례 요한의 위치와 어떻게 조화를 이루고 있는가? 그리고 그 음식이 세례 요한-엘리야 모형론에서 어떻게 이해될 수 있는가?

1. 이방의 메뚜기

먼저 메뚜기에 대해서 생각해 보자. 많은 구약 본문에서 메뚜기는 '먹는 것'이 아니라 '먹는 자'라고 언급했다는 것은 가히 충격적인 것이다. 이스라엘 백성들은 메뚜기 종류를 먹도록 허락 받았다(레 11:22). 그러나 일반적으로, 메뚜기는 먹는 것이 아니라 먹는 자로 나타난다. 메뚜기 떼가 애굽을 찾아 들었을 때, 메뚜기가 먹어치워서 "애굽 전경에 나무나 밭의 채소나 푸른 것은 남지 아니하였다"(출 10:15). 하나님께서는 당신의 백성들이 불순종한다면 밭의 작물들을 먹어치우도록 메뚜기를 보내겠다고 경고하셨고(신 28:38), 선지자들은 그러한 메뚜기 떼를 통한 심판의 경고가 성취된 사실을 기록하고 있다(욜 1-2장, 나 3:15-17).

중요한 것은 몇몇 본문에서 이스라엘의 원수인 이방인들을 '메뚜기'로 비유하고 있다는 것이다. 이스라엘의 원수들과 메뚜기들 사이의 특별한 유사점은 각각 그 숫자가 많다는 것이다. 그들이 메뚜기 떼같이 들어 왔는데, 그 사람과 약대가 무수(無數)했고, 중다(衆多)했다고 기록하고 있다(삿 6:5, 7:12). 마찬가지로 예레미야 46:23에서 우리는 비록 황충보다 많은 애굽 사람들이 언젠가는 더 이상 그렇게 되지 않을 것이라고 하는 심판의 예언을 보게 되고, 예레미야 51:14에서는 여호와께서 바벨론을 향한 심판을 이스라엘 백성들에게 맹세하시면서, 사람들을 황충같이 가득하게 할 것이고 그들이 바벨론을 향하여 소리를 높이리라고 예언하셨다.

그 이방 민족들이 메뚜기로 비유되는 것은 단지 숫자가 많기 때문만은 아니다. 그들의 어떤 정치, 군사적인 특징들 때문이기도 하다. 특별히 그 메뚜기들은 군대와 비유되는데, 잠언 30:27에서 메뚜기가 떼를 지어 나아가는 군대로 비유되고 있다. 아마도 이 비유는 요엘 1:4과 연관이 있을 것이다. 거기에는 메뚜기의 다른 계급(팟종이, 메뚜기, 늣, 황충)이 구분되고 있고, 침략하는 군대와 비교된다(욜 1:6). 메뚜기와 군대의 또 다른 비유는 메뚜기를 방백으로, 큰 메뚜기를 대장으로 비유한 나훔에서도 보인다(나 3:15-17). 이사야 33:4은 이방 군대가 노략물로 뛰어오르는 것을 황충과 메뚜기로 비유하고 있다.

이러한 메뚜기 군대의 상징은 예레미야 51:27에서도 쓰이는데, 거기에는 바벨론을 대항하는 민족들의 말들을 "사나운 황충"으로 비유하고 있다. 사도 요한이 계시록 9장에서 무저갱에서 올라와서 권세를 받은 황충을 묘사할 때, 이 구절들을 암시하는 것으로 보인다(계 9:3). 계속해서 계시록에서 요한은 "황충"의 출현에 대하여 자세하게 묘사하는데, 그들은 전쟁을 위하여 예비한 말들 같고, 그들의 머리에는 면류관을 썼으며, 그들의 얼굴은 사람의 얼굴 같고, 그들의 머리털은 여자의 머리털 같고, 그들의 이는 사자의 이 같으며, 그들은 흉갑을 입었고, 그 날개들의 소리는 병거와 많은 말들이 전장으로 달려가는 소리 같았다(계 9:7-9). 계시록 9장에서 황충들이 무저갱에서 올라왔는데, 우리는 그것들이 귀신들임을 알 수 있다. 그런데 그들의 소리가 하나님의 영광 병거 소리와 같았다.

그러므로 이 황충 군대는 하나님의 영광의 마귀적인 모방, 즉 굳이 말한다면 "반(反) 영광 구름"이다. 이것은 구약에서 메뚜기 재앙과 메뚜기 군대에 관한 모든 관련 구절들에 대한 새로운 빛을 던져 준다. 우리는 이스라엘의 군대들이 전쟁에서 천군과 동행하는 것처럼, 이스라엘의 적들 뒤에 숨어 있는 진짜 적은 사탄의 마귀적인 군대라는 것을 생각할 수 있다. 이제 황충은 단순한 이방인이 아니라 하나님을 대적하는 사탄의 지배를 받고 있는 이방 군대인 것이다.

2. 약속의 축복인 석청

이제 세례 요한의 다른 음식인 석청에 대해서 생각해 보자. 석청이란 돌에서 나는 꿀을 의미한다. 성경에서 꿀은 그것의 달콤함(삿 14:14, 시 19:10, 119:103, 잠 24:13, 겔 3:3, 계 10:9-10)과 의료적인 특성(잠 16:24)으로 잘 알려져 있다. 때로 그것은 가치 있는 선물로 여겨지기도 한다(창 43:11, 왕상 14:3, 대하 31:5, 겔 16:13, 19, 27:17). 그러나 무엇보다도 꿀은 구약성경 전체를 통하여 약속의 땅의 축복과 관계가 있다. 그래서 성경은 가나안을 젖과 꿀이 흐르는 땅으로 묘사하고 있는 것이다(출 3:8, 17, 13:5, 33:3, 레 20:24, 민 13:27, 14:8, 16:13, 14, 신 6:3, 11:9, 수 6:5, 렘 11:5, 32:22 등). 사실 꿀은 그 약속의 땅에서 흘러넘치는 것으로 그 땅의 풍요와 번영의 상징인 것이다. 그래서 신명기 32:13과 시편 81:16은 반석의 꿀로 이스라엘을 먹이시겠다는 하나님의 약속이 있는 것이다.

반대로, 그 꿀을 금한 것을 보는데, 사무엘상 14장에서 블레셋과의 전쟁의 와중에 사울은 섣부른 맹세를 한다. 원수에게 복수하기 전까지 어떤 식물을 먹을지라도 그 자는 저주를 받을 것이라는 것이다(삼상 14:24). 그 맹세를 모르고 요나단은 땅에서 난 꿀을 지팡이로 찍어 먹는다(삼상 14:27, 43). 결국 사울과 그 아들 요나단 사이의 갈등은 이 사건에 뿌리를 두게 된다. 또한 잠언 25:16에서는 너무 많이 먹어서 토하지 않도록 꿀을 적당히 먹으라고 경고하고 있고, 잠언 25:27에서는 꿀을 많이 먹는 것이 좋지 못하다고 말하고 있다.

꿀과 관련해서 가장 특이한 것은 레위기 2:11일 것이다. 거기에는 누룩이나 꿀을 화제로 드리지 못하도록 경고하고 있다. 학자들은 꿀을 신에게 드리는 것이 이방 풍습이었기 때문에 금지한다고 하지만, 누룩과 꿀 모두는 본래의 맛을 변화시키는 특성을 지닌 것들이기 때문에 금지했을 가능성도 있다. 여하튼 꿀에 대한 성경 전체의 이미지는 하나님께서 약속하신 땅의 풍요로움과 축복의 상징으로 나타나고 있는 것이다.

3. 먹는 행위

구약 레위기에는 먹는 것과 관계해서 수많은 금지 규정들이 있다. 유대인들은 소위 코셔(kosher)에 관한 법을 오늘날도 엄격하게 지키고 있다. 어떤 것은 먹을 수 있고 어떤 것은 먹지 못하는 것일까? 그 기준은 무엇일까? 소위 강정식품을 금하신 것일까? 아니면 건강에 좋은 것을 먹도록 하시고, 좋지 못한 것을 금하신 것일까? 성경은 그 기준을 제시할지라도 그 이유를 밝히고 있지는 않다. 신약에서 예수께서 사람이 입에서 나오는 것으로 더러워지지 입으로 들어가는 것으로 더러워지지 않는다고 하신다(마 15:11, 18). 게다가 바울은 식물로 형제를 실족케 하지 말라고 경고하고 있다(롬 14:15, 20, 고전 8:13). 심지어는 어떤 음식이든지 먹지 못할 것이 없다고 한다(딤전 4:3). 그러므로 레위기에서 음식 자체가 먹을 수 있는 것이거나 먹지 못할 것이 아니라, 하나님이 금하신 것이기 때문에 먹지 못할 것이 되어 버린 것이다. 즉 하나님이 정하다고 하신 음식은 정한 것이다. 하나님이 부정하다고 하신 음식이 부정한 것이다. 그러므로 음식의 어떤 특성 때문이 아니라 하나님의 말씀 때문에 정하거나 부정하게 된 것이다.

음식에 대한 규례에서 가장 핵심이 되는 가르침은 '먹는 것이 곧 그 사람'이라는 말로 단정 지을 수 있을 것이다. 우리는 성경에서 어떤 먹는 것이 그것을 먹는 사람과 한 몸이 됨을 가르치고 있음을 알아야 할 것이다. 정결한 음식을 먹으면 정결한 사람이 되고, 부정한 음식을 먹으면 부정한 사람이 되는 것이다. 우리가 주님의 만찬에서 떡과 포도주를 먹을 때, 우리는 그리스도의 살과 피에 참여하는 것이다(고전 10:16). 즉 우리가 작은 그리스도가 되는 것이다. 그리스도의 몸에 참예하는 것이다. 같은 방식으로 여호와께서는 하나님과의 관계 속으로 예배자를 받으셨다는 것을 보여주기 위하여 번제의 제단에서 제물을 열납하셨던 것이다. 그러므로 내가 믿기로는 세례 요한이 메뚜기를 먹는 것은 하나님의 새 이스라엘 속에 마귀적으로 통치되던 이방 나라들의 합병을 의미할 수 있다고 본다.

선지자는 그의 입의 말 뿐 아니라 삶 자체가 메시지이다. 어쩌면 말보다 삶은 더 중요한 메시지 전달의 수단일 것이다. 아마 세례 요한은 꿀에 메뚜기를 담가서 먹었을 것이다. 이렇게 세례 요한이 꿀과 메뚜기를 먹었다는 사실은 약속의 땅의 축복 속으로 이방의 메뚜기 나라들이 합병됨을 상징하기 위하여 취해진 행위일 것이다. 요한이 버려진 땅인 광야에서 이 사역을 시작했는데, 이는 광야를 새로운 축복의 동산으로 변화시킴을 보여주는 것이 분명하다.

사실, 세례 요한의 음식은 구속사에서 요한 자신의 역할을 상징하는 것으로 보인다. 누가는 세례 요한이 이방 군인들에게 상담을 했는데, 그것에 의해서 하나님 나라로 그 군인들을 "먹었다"는 것을 우리에게 알려준다(눅 3:14). 세례 요한은 메뚜기와 석청을 먹듯이 이방인들을 먹었다. 이는 사르밧 과부를 비롯하여 시돈의 이방인들과 접촉했던 엘리야를 생각나게 한다. 엘리야는 언약 백성들의 배교의 결과로 시돈으로 도피했고, 까마귀와 이방 여인의 공궤를 받았다. 결국 이스라엘은 엘리야를 배척했는데, 이방인들은 엘리야를 수용한 것이다. 이처럼 엘리야는 이방인들과 지속적으로 접촉했고, 그들 가운데 능력을 행했고, 복음을 전했다. 이런 이스라엘의 배척과 이방인들의 수용에 대해서는 예수께서도 지적하시고 있는 것이다(눅 4:26). 이는 이방인을 포함하는 새 이스라엘의 도래의 그림자였다. 세례 요한의 사역은 그 모형의 성취의 시작, 즉 유대인이나 헬라인도 아닌 새 이스라엘의 시작을 나타내는 것이다.

나가면서

세례 요한은 신약의 엘리야였다. 그가 가죽 띠를 띠고 약대 털옷을 입은 것 외에 석청과 메뚜기를 먹은 것조차 엘리야를 닮은 일이다. 엘리야는 까마귀를 통하여 떡과 고기를 먹었다. 까마귀는 부정한 새이다. 이는 이스라엘 주변의 이방을 상징하는 것이기도 하다. 엘리야의 까마귀는 곧 사르밧 과부로 바뀐다. 엘리야는 사르밧 과부의 공궤를 받게 된다. 옛 언약의 엘리야는 이방인을 통하여 먹지만, 새 언약의 엘리야는 이방인을 먹는다. 여기에도 구속사적인 진전이 나타난다. 세례 요한이 석청과 함께 메뚜기를 먹은 것은 요한에 의해 이방 군인들이 점령될 것을 넘어서, 새로운 이스라엘의 형성을 암시하는 것이다. 이제 예수께서는 성찬을 통하여 당신의 살과 피를 먹이심으로 당신의 새 언약 백성들을 만들어 가신다. 세례 요한의 음식은 그가 옛 선지자 열리야임을 보여주는 동시에 참 선지자 예수 그리스도의 그림자임을 알게 하는 것이다.

예수 그리스도의 새 창조

마태복음 1:1-16을 이렇게 보면 어떨까?

들어가면서

우리는 매년 쏟아지는 엄청난 출판물의 홍수 속에서 산다. 그러나 1세기 당시에는 무엇을 손으로 기록한다는 것은 전문적으로 훈련받은 사람들의 특별한 일이었다. 4세기경에도 로마 필사자에 의하여 성경 한 권을 만드는 비용이 로마 병사 연봉의 40배라고 하니 고대에 성경을 기록하는 일에 얼마나 대단한 노력과 정성을 기울였는지 추측할 수 있다. 하물며 원본 성경을 기록한 인간 저자들이 아무렇게나 성경을 기록하였을까? 원 저자이신 성령께서도 결코 당신의 호흡을 낭비하지 않으셨을 것이다. 성경은 일점일획도 아무렇게나 기록되지 않았다. 성경을 세밀하게 살펴보면 이는 내용뿐 아니라 형식에 있어서도 마찬가지임을 알 수 있다. 이 글은 신약성경에서 첫 책인 마태복음의 족보를 통해 옛 창조의 때가 가고 예수 그리스도에 의한 새 창조의 때가 이름에 대한 구속사적 진전을 보이기 위하여 쓰여졌다. 우리는 마태복음의 거시구조에서 시작하여 족보의 미시구조를 살펴봄으로 예수 그리스도에 의한 새 창조의 선포를 마태가 하고 있음을 보게 될 것이다.

1. 마태복음의 구조

마태복음은 궁극적으로 모든 시대의 모든 사람들을 위해 주어진 하나님의 말씀이지만, 일차적으로 유대인들을 위해 기록되었다. 그래서 마태는 유대인들이 읽기에 적합하도록 세심한 배려를 한 흔적이 역력하다. 예를 들면, '하늘나라'라는 용어를 주로 사용하고(33회), '하나님의 나라'라는 용어는 가급적 사용을 피하고 있다(4회). 이는 유대인들이 하나님이란 신명(神名)을 직접 입에 올리는 것을 불경하게 생각했기 때문이다. 그리고 구약성경의 인용이 다른 복음서에 비하여 월등하게 많다. 그 외에도 강화(discourse)가 많다든지, 교차대칭구조나 평행표현법 같은 구조가 나타난다든지 하는 유대적 문체의 특징도 보인다. 특히 우리는 교차대칭구조(Chiastic Structure)가 마태복음 전체를 통해서 나타나고 있음을 볼 수 있다. 교차대칭구조라는 것은 ABCB′A′ 식으로 가운데 C를 중심으로 A와 A′가 B와 B′가 교차적으로 나타나는 것을 의미한다. 이는 구약성경에 두루 퍼져있는 그래서 유대인들에게 매우 익숙한 구조이다. 오늘날 우리는 3대지 설교에 익숙해져서, 설교자가 첫째, 둘째, 셋째하면 '이제 곧 설교가 끝나겠구나'라고 생각하는 것과 마찬가지로, 유대인들은 조금 전에 한 이야기가 반복되면 바로 '그 앞의 이야기가 핵심이구나.'하고 알아차릴 수 있었을 것이다.

마태복음에 나타난 교차대칭구조를 도식화하면 다음과 같다<표1>.

〈표1. 마태복음의 교차대칭 구조〉

A	1-4장	예수님의 탄생기사(설명문)
B	5-7장	산상보훈 (강화)
C	8-9장	예수님의 이적(설명문)
D	10장	선교강화 (강화)
E	11-12장	이 세대에 의한 배척(설명문)
F	13장	천국비유(강화)
E′	14-17장	제자들에 의한 환영(설명문)
D′	18장	교회강화(강화)
C′	19-22장	예수님의 권위와 초대(설명문)
B′	23-25장	종말론 강화(강화)
A′	26-28장	수난, 죽으심, 부활(설명문)

마태복음은 천국비유(F)를 중심으로 예수님의 생애가 탄생(A)에서 수난과 죽으심과 부활(A')까지 전개된다. 탄생기사에 등장하는 "임마누엘"(마 1:23)은 지상명령에서 "너희와 항상 함께"(마 28:20)로 반복된다. 산상보훈의 팔복(마 5:3-12)도 종말강화의 팔화(마 23:13-36)로 반복된다. 또한 산상보훈 끝에 심판의 경구(마 7:22-27)와 종말강화 끝에 심판의 경구(마 25:42-46)가 반복된다. 마태복음의 구조에 대하여 학자들 간에 이견이 있을 수 있으나, 대체적으로 다음의 사항들에 동의할 수 있을 것이다. 첫째, 마태복음은 5대 강화가 있다. 둘째, 마태복음 4:17과 16:21이 역사적 분기점으로 독특한 형식이 나타난다. 셋째, 설명문과 강화가

일정한 관계 아래서 배열되어 있다. 넷째, 교차대칭 구조가 현저한 특징이다. 분명한 것은 하나님의 진리의 말씀은 아무렇게나 쓰이지 않았다는 것이다. 성경을 해석하는 사람은 내용뿐 아니라, 그 구조도 살펴야 할 것이다. 때로 형식이 내용을 결정하기 때문이다. 무엇을 담았느냐 하는 것보다 어디에 담았느냐가 중요할 때도 있다.

2. 두 개의 족보

마태복음이 내용뿐 아니라 구조까지도 신중한 배려를 한 흔적이 분명한 것을 우리는 마태복음의 족보에서도 볼 수 있다. 신약성경에는 두 개의 족보가 등장한다. 문제는 두 족보가 얼핏 보기에도 서로 다르다는 것이다. 마태의 족보는 하향식(아브라함->예수)이고, 누가의 족보는 상향식(예수>아담)이다. 게다가 마태는 요셉의 아버지 이름을 야곱으로 기록하는데, 누가는 헬리로 기록한다.

왜 이러한 차이를 보이는 것일까? 어떻게 한 사람의 아버지가 다르게 기록될 수 있는 것일까? 결론부터 말하면, 관점의 차이이다. 마태는 요셉 중심으로 복음서를 기록하고, 누가는 마리아 중심으로 기록한다. 예수님의 유년기사에 관해서도 마태복음에는 천사가 요셉에게 나타나고, 요셉이 애굽 여행을 주도한다. 그러나 누가복음에는 마리아를 중심으로 모든 일들이 일어나고 있다. 그래서 누가는 마리아의 남편인 요셉이 헬리의 사위이지만 전통대로 아들처럼 기록한 것으로 보인다. 족보를 기록하는 방식상의 차이도 마태는 예수님이 왕이심을 강조하고, 누가는 하나님의 아들임을 강조하기 때문이다. 마태는 왕의 혈통인 요셉의 족보를 기록하고 있다. 이는 또한 마태의 족보가 14대씩 나누어지는 이유 중 하나이기도하다. 아마 마태는 다윗 왕(דוד)의 이름인 ד(4) ו(6), ד(4)의 숫자인 14를 유대인들에게 익숙한 해석법인 게마트리아(gematria)에 의해서 배치한 듯하다.

3. 족보의 14대

마태복음의 족보는 14대씩 3구분을 하고 있는데, 족보의 등장인물들을 실제 계산해 보라. '여고냐'를 한 번 더 넣지 않으면, 세 번째 14대는 성립되지 않는다. 13명만 등장할 뿐이다. 그리고 마태는 여호람과 웃시야 사이에 아하시야와 요아스와 아마샤를 누락시켰다. 이는 모두 아합의 자손들이다. 우상 숭배의 죄를 그 자식 3-4대까지 물으신다는 경고를 기억하라(왕상 16:30-33). 그런데 왜 이렇게 14대씩 셋으로 억지로 맞추었을까?

마태가 14라는 숫자를 사용한 것은 앞서 설명했듯이 게마트리아 때문이기도 하지만, 더욱 중요한 이유는 성경에서 14라는 숫자가 갖는 상징성 때문일 것이다. 성경에서 14라는 숫자는 어떤 사건의 정점, 즉 전환점을 나타내는 숫자이기 때문이다. 예를 들면, 창세기에서 히브리인이란 이름의 유래가 된 에벨은 아담의 14대 손이고(창 10:25, 11:8), 아브라함은 하나님과 동행한 에녹으로부터 14대 손이다(창 5장, 11:16, 유 1:14). 유월절은 1월 14일 밤이었고(출 12:6), 아달월 14일에 하만과 그의 일족들을 패배시켰다(에 9:19). 그러므로 예수님의 족보에서 14라는 숫자는 전환점이 되는 것과 관계가 있을 것이다.

이는 달의 차고 기울음과도 관계가 있는 것이다. 아브라함은 새로운 달과 같고, 첫 번째 14대는 우리들을 어두움에 빛이 충만한 만월 같은 통치를 한 다윗에게로 이끈다. 그 다음 14대는 포로기의 어둠 속으로 이스라엘의 기울음을 본다. 그 후에, 다음 14대와 함께 이스라엘은 다시 차는데, 그리스도의 오심으로 만월의 정점에 이르게 된다. 그리고 이러한 연속된 14대 이후에, 마태는 그리스도의 탄생 기사로 곧장 들어간다. 우리가 네 번째 14대를 기대하려고 할 때에 더 이상의 달이 차고 기우는 것이 없다. 오직 그리스도만 있을 뿐이다.

창조 기사에서 땅에 해도 달도 없었던 첫 삼일이 있었다. 낮 동안에는 빛이 있었고, 밤 동안에는 어둠이 있었다. 그런데 넷째 날에 하늘에 빛을 만들었는데, 그 가운데 두 개의 커다란 빛을 두셨다. 작은 빛(달)은 밤을 다스리도록 했고, 그래서 밤이 다시 절대적으로 어둡지 않도록 했고, 큰 것(태양)은 낮을 다스리도록 했다. 그 후에 충만한 생명체를 두었다. 단지 날은 최종적이고 게다가 밤 시간도 포함했다(창 1:5, 8, 13등). 그래서 태양은 넷째 날에 창조된 최종적인 빛이었다. 그러므로 마태복음 1:17에서 마태가 말하는 바는 이것이다. 즉 과거 세대들은 이스라엘의 역사에서 달과 밤 시간을 보았다. 그러나 이제 예수 그리스도와 함께 옛 언약의 끝이 왔고, 새 언약의 시작이 되었다. 의의 태양이 떠올랐고(말 4:2), 날의 충만함이 도래했다.

4. 새 창조의 7일

마태복음은 창세기의 7일 창조 구조에 맞추어 새 창조의 7일을 보여준 것으로 여겨진다. 그래서 마태의 족보는 14대씩 셋으로 구성된 것이다. 14대씩 3번 나타나는 것은 7씩 6번 나타나는 것과 동일하다. 그러므로 마태복음의 14a + 14b + 14c는 7a + 7a′ + 7b + 7b′ + 7c + 7c′와 같다.

이를 좀 더 세분화해보자. 7a는 첫째 날이다. 7a′는 둘째 날이다. 7b는 셋째 날이다. 7b′는 넷째 날이다. 7c는 다섯째 날이다. 7c′는 여섯째 날이다. 첫째 날에 빛이 생겼다. 아브라함은 빛의 조상인 것이다. 아브라함의 자손들을 하늘의 별과 같이 많게 해 주시겠다는 약속을 기억하라(창 15:5). 둘째 날에 궁창이 생겼다. 궁창은 하늘이다. 아브라함의 자손들은 하늘 백성으로 살았다. 셋째 날에 바다와 땅이 나누어졌다. 솔로몬 사후에 북왕국 이스라엘과 남왕국 유다로 나뉘게 된다. 하나님의 백성들의 영역인 땅과 이방인들의 통치 영역인 바다가 나뉘게 된 것이다. 그리고 넷째 날에 해와 달과 별들이 만들어졌다. 여전히 아브라함의 자손들 가운데 별 같은 존재들, 즉 지도력을 가진 왕들이 나타나게 된다. 그러나 다섯째 날에 물고기와 새들이 창조된다. 이제는 바벨론 포로로 잡혀가면서 유대인들 가운데 왕들은 존재하지 않는다. 유대인들은 모두가 다 물고기와 새들처럼 포로로 살게 된다. 그리고 여섯째 날에 육축과 짐승들이 만들어진 것처럼, 포로에서 귀환 후에 이스라엘 백성들은 평민으로 살게 된다.

이렇듯 새 창조의 날들은 옛 창조의 날들과 연관성을 갖는다. 특히, 참 사람이시며 마지막 아담이신 예수님은 여섯째 날, 즉 7c′ 에 오셨다. 예수님의 공생애가 끝나자, 일곱 번째 날인 교회를 통한 안식의 날이 도래했다. 그리고 그 안식의 날이 끝날 때, 영원한 안식이 가능해지게 된다. 이는 구속의 완성, 즉 영원한 '희년'을 보여주는 것이다.

5. 예수 그리스도의 세계

마태는 "예수 그리스도의 세계(geneseos)라"로 서두를 시작하고 있다. 이 '게네세오스(geneseos)'는 히브리어 '토레도트(toredoth)'의 칠십인역 번역인 게네시스(genesis)의 속격 형태이다. 토레도트는 대략(大略, 창 2:4, 36:1, 9), 계보(系譜, 창 5:1), 사적(史蹟, 창 6:9), 후예(後裔, 창 10:1, 11:10, 27, 25:12, 19), 약전(略傳, 창 37:2), 세계(世系, 창 10:32)로 번역된다. 창세기에는 10개의 정도가 등장하는데, 이는 창세기의 윤곽을 이해하는데 중요한 요소이다.

예수 그리스도의 게네시스는 예수 그리스도의 토레도트, 즉 구약의 창세기와 제목이 같다. 아마 이 토레도트란 용어에 익숙한 유대인에게 "예수 그리스도의 세계(토레도트)"라는 표현은 마태복음과 창세기를 비교하기에 충분한 역할을 했을 것으로 생각되어진다. 즉 창세기는 하나님께서 모세를 통한 창조의 역사를 기록한 책이며, 마태복음은 예수님을 통한 새로운 토레도트, 즉 새 창조의 역사를 기록한 책이란 의미를 강하게 전달했을 것이다.

우리가 마태복음 1:1의 게네시스(토레도트)를 1:1-17로 제한하면 예수 그리스도의 족보만을 의미하지만, 이 책 전체에 관한 제목으로 보면 마태복음은 "예수 그리스도에 의한 새 창조의 책"임을 강조하는 것으로 볼 수 있다.

나가면서

오늘날 신약학계에서는 하나의 가설에 불과한 마가복음 우선설이 정설처럼 공리화되어 있다. 그러나 최근에 다양한 학문적 배경을 가진 학자들이 마태복음 우선설을 주장하고 있다. 더군다나 교회는 19세기까지 의심 없이 마태복음이 가장 앞에 인쇄된 신약성경을 사용하고 있다. 이는 사도적 전통을 계승한 때문이다.

그 마태복음은 비블로스 게네세오스 이에수 크리스투, 즉 '예수님에 의한 새로운 창조의 책'으로 시작한다. 새 창조의 세상이 도래한 것이다. 미태의 족보는 이러한 사실을 내용과 형식으로 잘 반영하고 있다. 옛 창조는 옛 언약과 함께 사라졌다. 이제 새로운 언약의 때가 도래했다.

4. 그리스도에 의해 예언이 성취됨

마태복음 2:13-18을 이렇게 보면 어떨까?

들어가면서

왜 4권의 복음서가 필요했는가? 복음(Good News)은 땅의 숫자인 4, 즉 동서남북(news) 사방으로 전파되어야 하기 때문일 수도 있겠지만, 보다 직접적인 이유는 최초의 청중 혹은 독자가 달랐기 때문일 것이다. 즉 모든 복음서는 궁극적으로 모든 사람을 위해 기록되었지만, 일차적으로 마태복음은 유대인, 마가복음은 로마인, 누가복음은 헬라인을 위하여 기록되었고, 요한복음은 이들을 보완하며 보다 보편적인 사람들을 염두에 두고 기록된듯하다. 그래서 마태복음은 복음서들 중에서 가장 유대적인 특징을 지닌 복음서가 된 것이다. 유대인들에게 익숙한 어휘나 문체를 사용했고, 구약 인용도 많다. 특히 마태복음이 5편의 설교로 되었다는 소위 오경구조나, 1장의 족보도 창세기의 7일 창조 구조로 보이기도 하는데, 그 핵심은 모세-그리스도 모형론으로서 마태가 예수님을 새로운 모세로 묘사하고 있다는 것이다. 그래서 예수님을 통한 신약

교회의 새로운 출애굽을 보여주고 있다는 것이다. 우리는 본문의 모형론적 접근을 통해 예수 그리스도에 의해 구속사가 완성됨을 볼 수 있을 것이다.

1. 구속사에서 요셉

마태복음 2장은 소위 '예수님의 탄생기사'를 보여주고 있다. 예수님은 헤롯을 피하여 유대 땅을 떠나 애굽으로 간다. 요셉은 이 애굽으로의 여행을 주도한다. 마태복음의 특징 중의 하나가 바로 이 요셉을 중심으로 기록되어 있다는 것이다. 반면에, 누가복음은 마리아 중심으로 기록되어 있다. 족보도 마리아의 족보이고, 예수님의 유년기 기사들이 모두 마리아 중심으로 나타난다. 예를 들면, 천사가 마리아에게 수태고지를 했고(눅 1:26-38), 마리아의 친족 엘리사벳이 등장한다(눅 1:39-56). 목자의 말을 마리아가 마음에 두고(눅 2:19), 시므온도 마리아에게 말한다(눅 2:34). 예수께서 12살 때에 있었던 성전에서의 일도 마리아가 마음에 두게 된다(눅 2:51). 그러나 마태복음은 족보도 요셉의 족보이고, 천사가 요셉에게 현몽한다(마 1:24-25, 2:13, 19). 그리고 요셉은 애굽으로 피난여행을 주도하고, 언제나 마리아와 아기 예수를 보호하는 역할을 수행한다.

이러한 요셉에 대한 성경의 평가는 "그 남편 요셉은 의로운 사람"이란 것이다(마 1:19). 여기에서 우리는 요셉이 '의로운 남편'이란 점을 주목해야 한다. 하나님의 말씀을 듣고 다른 사람(하와)에게 전했던 최초의 남편인 아담이 그러한 것처럼, 남편은 제사장적 이미지를 지닌 존재이다. 신부된 이스라엘 백성들에게 신랑되신 하나님을 대신하여 제사장은 그들을 인도하는 역할을 했던 것이다(사 54:5, 겔 16:30-34, 호2:19-20). 이는 신부된 교회와 신랑/제사장이신 예수님과의 관계와도 일치한다(엡 5:22-33).

최초의 남편인 아담은 의로운 남편이 아니었다. 오늘날 대부분의 남편들처럼, 그는 자신의 동산에서 지켜야 할 것 중에 가장 소중한 것이 무엇인지 몰랐다. 결국 하와를 지키지 못했고 그 결과 죄가 세상에 들어오게 되었다. 유일한 신적인 기관(divine institute)인 가정과 교회 중에 가정에 우선권이 있음을 우리는 보게 된다. 가정 사역이 교회 사역의 기초이다(딤전 3:2-5, 딛 1:6, 벧전 3:7). 결국 마지막 아담이신 예수 그리스도에 의해 낙원이 회복될 때까지, 아담과 하와는 낙원에서 쫓겨나게 되었다. 그러나 의로운 남편 요셉은 마리아를 지켜냈다. 뿐만 아니라 아기 예수의 생명도 지켜낸 것이다.

이는 계시록 12장에서 '여자와 아이에 대한 용의 공격'이란 그림언어로 요약된다. 이 상징은 구약 교회가 고난 중에 그리스도를 잉태하고 보호한 것에 대한 것이지만 동시에 요셉이 마리아와 예수를 보호한 것이기도 하다. 상징은 의미의 다중성이 가능한 것이다. 만약 마리아가 음녀/이스라엘 가운데 처녀/남은 자라면, 요셉은 타락한 제사장들 가운데 의로운 남편이었던 것이다. 또한 마리아가 새 하와였다면, 요셉은 새로운 아담이었던 것이다. 구속사에서 이 새로운 아담/요셉은 마지막 아담/예수님의 모형으로, 예수님을 통한 신약 교회의 구원과 보호를 미리 보여주는 것이다.

2. 예수님의 온 교회적 인격

의로운 남편 요셉과 달리 타락한 유대 지도자들은 이스라엘의 남편/제사장 역할을 제대로 해내지 못하고 있었다. 심지어 이방인 동방 박사들이 별이라는 자연 계시를 통해서 그리스도에게 경배하러 온 것과는 대조적으로 유대 땅 베들레헴에서 그리스도가 나실 것(미 5:2)에 대한 정확한 계시를 받았던 대제사장들과 서기관들은 그리스도의 나심을 외면했다. 오히려 세속정권에 빌붙어 메시야의 비밀을 폭로하고 말았다. 그들의 지식은 사람을 죽이는 것이 되고 만 것이다(고전 8:1, 고후 3:6). 급기야 헤롯의 잔인한 살인극은 자행되어진다. 헤롯이 애굽 왕 바로의 악역을 맡게 되는 것이다. 그가 두 살 아래의 사내아이를 모두 죽임으로서 새 언약의 장으로 유명한 예레미야 31장이 성취된다.

한편 마태는 이 사건을 통하여 호세아 11:1의 "내 아들을 애굽에서 불러내었거늘"이라는 예언이 성취되었다고 한다. 내 아들을 애굽에서 불렀다는 것은 무슨 의미인가? 같은 본문이 칠십인역(LXX)에서는 "그의 아들을 애굽으로부터 불러내었다"로 되어 있고, 맛소라 텍스트에서는 "나의 아들"이라고 되어 있다. 아마 마태는 본문을 맛소라 텍스트에서 직접 번역한 듯하다. 그러나 "그의 아들"이라든지 "나의 아들"이라든지 하는 표현 자체가 중요하지 않다. 중요한 것은 예수님의 출애굽과 이스라엘 전체의 출애굽 사건을 동일시하고 있다는 것이다. 호세아가 언급하는 것은 출애굽 사건이었다. 마태는 '이스라엘 백성 전체'가 경험한 사건을 한 분 그리스도의 경험과 동일시하고 있다. 즉 출애굽기의 '이스라엘'이 호세아에 의해 "내 아들"로 인용되고, 이 "내 아들"은 바로 마태에 의해 "예수 그리스도"로 적용되고 있는 것이다.

이러한 예수님의 인성적 특징을 '집합적 인성' (corporate personality)이라는 표현을 쓰기도 한다. 일부에서는 이 표현이 사회학적 용어가 신학에 무분별하게 도입된 것이란 우려를 표명하기도 한다. 그러나 분명하게 성경은 이러한 '예수님의 온 교회적 인격' (whole church person)을 말하고 있다. 즉 예수님의 십자가 안에서 우리가 죽고, 그 분의 부활을 통해 우리도 영생의 소망을 가진다.

우리는 예수님의 온 교회적 인격(whole church person)이 갖고 있는 구속사적인 특징을 이해해야 한다. 옛 언약의 백성들(many)의 경험은 한 분 그리스도(one)로 집약되고, 그 그리스도(one)를 통해 새 언약 교회(many)는 확산된다. 즉 그리스도를 정점으로 해서 모든 옛 이스라엘이 모아지고 그리스도를 통해 모든 새 이스라엘이 확장되는 것이다. 이를 도식화하면 다음과 같다.

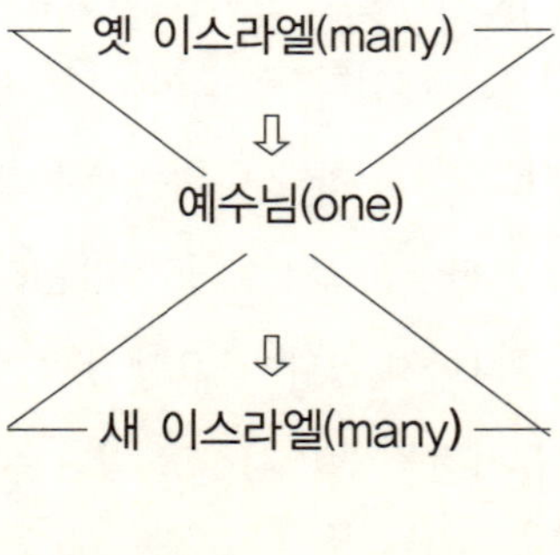

이스라엘이 하나님의 아들로써 출애굽을 경험한 것은 새 이스라엘인 신약교회가 세상에서 구원을 받을 것을 예표하는 일이다. 그런데 이러한 옛 이스라엘과 새 이스라엘의 전환점에 예수 그리스도가 존재한다. 예수님의 출애굽 사건은 과거 옛 이스라엘의 출애굽을 뒤돌아보는 기능과 동시에 미래 새 이스라엘의 구원을 내다보는 기능을 하고 있는 것이다.

3. 새로운 출애굽

출애굽(Exodos)이란 이스라엘 백성들이 애굽에서 나온 것을 말하는 고유명사처럼 사용되고 있다. 그러나 원래 이 말은 단순히 '떠남'을 의미하는 보통명사였다. 그저 어디에서 어디로 떠나는 것이 '엑소더스' 이다. 그러므로 성경에서는 여러 차례의 엑소더스가 가능한 것이다.

옛 언약과 달리 새 언약에서 헤롯은 바로가 되었고, 예수님은 새로운 모세이면서 동시에 전체 이스라엘이 되어서 엑소더스/출애굽을 한다. 이것은 새 이스라엘인 신약교회의 출애굽을 예시하는 기능을 한다. 그런데 바로 이러한 구속사적 전환점에서 예루살렘은 이제 애굽이 되어버린 것이다.

일반적으로 우리는 이스라엘과 애굽을 동일시한 성경의 언급을 찾기 힘들 것이다. 그러나 이것은 나무는 보되 숲을 보지 못하는 것이다. 신약 전체 메시지가 바로 옛 언약 이스라엘이 배교하여 새 언약 교회가 도래했다는 것이기 때문이다. 예수님은 계속해서 새로운 모세(행 3:20-23, 히 3-4장), 새로운 이스라엘(마 2:15), 새로운 성전(요 1:14, 2:19-21), 그리고 사실 출애굽의 전 역사의 살아있는 재현으로 나타난다(고전 10:1-4).

특히 변화산에서(눅 9:31), 예수님은 예루살렘에서 당신의 다가오는 죽음과 부활을 하나의 엑소더스(그 헬라어는 exodon)라고 말하며, 모세와 엘리야와 이야기했다. 그리고 이 모든 것과 결부되어 옛 이스라엘 위에 부어지는 애굽적인 재앙들에 관해 말하는 것이 바로 계시록의 언어이다(계 8:6-12, 16:2-12). 배교한 이스라엘과 이방 정부와 대항하는 증인들과의 전쟁은 애굽에서의 출애굽과 동일한 용어로 묘사되고 있는 것이다(참고, 계 10:1에서 구름과 불기둥). 이전엔 거룩했지만 이제는 배교한 도시인 예루살렘은 참된 언약의 백성들을 공격하고 죽이는 짐승과 결탁함으로 박해자가 되었다. 옛 언약 증인들의 피흘림의 죄를 범한 것도 바로 예루살렘이었다. 한마디로 그 도시는 선지자들의 도살장이었다(마 21:33-43, 23:34-38). 예수님께서도 말씀하셨다. "선지자가 예루살렘 밖에서는 죽는 법이 없느니라"(눅 13:33).

그래서 계시록 10:8-10에서 옛 언약의 증인들의 시체가 영적으로 하면 소돔이라고도 하고 애굽이라고도 하는 큰 성 길에 놓여있다고 하는 것이다. 물론 그 성은 예루살렘 성이다. (소돔으로서 이스라엘에 대하여는 신 29:22-28, 32:32, 사 1:10, 21, 3:9, 렘 23:14, 겔 16:46을 보라.) 그래서 요한은 이 성을 곧 "저희 주께서 십자가에 못 박히신 곳"이라고 해설을 덧붙인다(계 11:8). 지리적으로는 팔레스타인의 이스라엘이지만, 지도자들의 타락과 배교로 영적으로는 소돔 같고 애굽 같은 곳이 되어 버린 것이다. 모스크바는 '제2의 예루살렘'이라고 하였고, 평양을 '동방의 예루살렘'이라고 하였다. 그러나 교회가 배교하자 공산주의의 본거지가 되어 버린 아픈 경험을 우리는 알고 있다. 그러므로 오늘날 교회도 이러한 경고를 무시할 수 없을 것이다.

4. 아말렉 전투

우리는 예수님의 애굽 피난 기사를 통하여 의로운 남편인 요셉을 보고, 새로운 모세/이스라엘인 예수님을 만나며, 예루살렘이 애굽이 되어 버릴 수 있다는 경고를 듣는다. 특히 이 사건이 예수 그리스도 안에서 새 이스라엘/교회의 출애굽 사건(십자가와 부활)의 모형론적인 사건임을 본다. 끝으로 놓치지 말아야 할 중요한 모형론적 관점이 있다. 헤롯이다.

요셉이 아기 예수님과 마리아를 구하기 위해 애굽으로 엑소더스 한 것은 헤롯을 피해서이다. 옛 이스라엘은 애굽을 엑소더스하자 아말렉과 일전을 치루어야 했었다. 마찬가지로 다윗이 사울을 떠나 시글랏 광야로 엑소더스 했을 때에도 아말렉이 다윗의 처들을 공격하고 노략질했었다(삼상 30장). 그러나 엑소더스의 결과는 이스라엘에게 재물이 주어지고 교회가 세워지는 것이었다. 모세의 엑소더스로 이스라엘에게 애굽의 보물들이 주어졌고, 그것으로 광야 교회인 성막을 세웠다. 다윗의 엑소더스로 히람의 축복이 주어졌고(삼하 5:11-12), 그것으로 성전이 세워졌다. 예수님의 엑소더스에도 황금과 유향과 몰약이라는 동방박사들의 보물이 주어지고, 예수님의 공적인 엑소더스(십자가와 부활)의 결과로 성령이 선물로 주어졌고, 신약 교회가 세워졌다.

그런데 예수님의 엑소더스는 계속해서 헤롯의 공격을 받게 된다. 우리가 아는 대로 헤롯은 이두메 사람이다. 이두메는 에돔의 헬라식 발음이다. 그런데 아말렉은 에돔의 부족 중 하나였던 것이다(창 36:12, 16). 결국 헤롯은 아말렉 후손이었으며 그가 어린 예수님을 공격한 것은 오랜 싸움의 연장이었던 것이다. 그러나 결국 그리스도의 최종 승리가 주어지며 아말렉은 사라지게 된다. 옛 엑소더스에서 그림자처럼 희미하게 보였던 사실은 이제 예수 그리스도를 통하여 완전하게 드러나게 되는 것이다. 오늘날도 아말렉과의 보이지 않는 싸움은 계속되고 있다. 교회는 그리스도 안에서 승리했고 승리하고 있고 승리할 것이다.

나가면서

우리는 마태복음 2:13-18에서 예수 그리스도에 의해 구약의 예언들이 성취되는 것을 보게 된다. 신약에서 구약을 인용한 것은 성경이 성경을 해석하는 것이며, 성령이 성경을 해석하신 것을 알게 하는 것이다. 본문의 중심 주제는 예수님이 구약 예언의 성취자라는 것이지만, 본문에는 다양한 구속사적인 주제들이 녹아있다. 남편/제사장/새 아담의 모형인 의로운 남편 요셉을 볼 수 있고, 새로운 모세이며 동시에 이스라엘인 예수님을 만날 수 있다. 그리고 예수님의 엑소더스를 통하여 옛 이스라엘의 엑소더스와 새 이스라엘의 엑소더스를 볼 수 있다. 그리고 이두매 사람인 헤롯과의 싸움을 통하여 옛 아말렉의 흔적을 보게 된다. 역사의 패턴은 반복된다. 그러나 역사는 예수 그리스도에 의해서 완성된다.

2. 그리스도의 삶과 가르침

5. 예수님의 세례

마태복음 3:13-17을 이렇게 보면 어떨까?

들어가면서

스스로 거세하여 독신의 거룩한 삶을 열망했던 경건한 신학자 오리겐은 생애 말년까지 세례를 미루었다. 세례를 받은 후에는 결단코 죄를 지으면 안 된다는 생각 때문이었다. 이에 비해 오늘날 세례는 너무 쉽게 주고 받는 것 같다. 물론 그리스도에 대한 신앙의 공개적 고백으로서의 진정한 세례도 있다. 그러나 때론 세례자의 숫자가 교회 성장의 유일한 객관적 지표인양 교회는 교회대로 세례를 많이 주려하고, 이에 편승하여 교인은 교인대로 세례를 받아야 소위 '교인행세'를 할 수 있기 때문에 쉽게 받으려고 한다. 세례란 무엇인가? 특히 예수님께서 받으신 세례의 의미는 무엇일까? 그것이 오늘날 나의 세례와 무슨 연관이 있을까? 이 글은 예수님의 세례의 의미를 찾기 위하여 쓰여졌다. 우리는 예수님의 세례가 '예수 그리스도를 통한 새 창조를 가장 잘 예표하는 구속사적 사건'임을 발견하게 될 것이다.

1. 모든 의를 이루는 것

예수님은 당신이 세례를 받으시는 것을 “모든 의를 이루는 것”이라고 하셨다(마 3:15). 의를 이룬다는 것은 무엇인가? 이는 의의 성취, 즉 언약의 순종을 이루는 것이다. 언약은 죄인들에게 그 죗값을 요구한다. 요한이 볼 때, 예수님은 죄가 없는 분이셨다. 죄인이 받아야 하는 ‘회개의 세례’가 필요 없는 분이었다. 그래서 예수님이 세례 받으러 오셨을 때 세례 주기를 거부했었다. 오히려 자신이 예수님께 세례를 받아야 하노라고 고백했었다(마 3:14). 그러나 예수님께서는 “이와 같이 하여 모든 의를 이루는 것이 합당하다”고 하신다. 즉 자신이 죄인처럼 세례를 받으심으로 죗값을 요구하는 율법의 의를 이루는 것이 옳다는 것이다. 그래서 요한의 눈에는 이제 예수께서 세상 죄를 지고 가는 하나님의 어린 양으로 보이게 되는 것이다.

한편 다른 죄인들과 마찬가지로 예수께서 세례를 받으심으로 예수님은 죄인된 당신의 백성들과의 연대의식을 나타내 보이신다. 즉 예수님의 세례는 예수께서 자기 백성과 신비로운 합일을 보여주는 사건이다. 그래서 오늘날 세례도 그리스도와 하나됨을 보여주는 사건으로 정의되고 있는 것이다(cf. 대교리문답 165, 소교리문답 94).

2. 죽음과 부활

예수님은 요단강에서 세례를 받으셨다. 가나안 땅으로 들어가기 위한 관문인 '요단강'을 천국으로 들어가기 위한 통관의례인 '죽음'으로 보는 다소 구태의연한 해석에 근거하지 않더라도, 요단강에서 받는 세례는 죽음과 그 너머 부활을 의미한다. 예수님의 세례는 예수께서 받는 잔이었다(막 10:38). 이 잔은 곧 예수님의 십자가 고난과 죽음이었다(눅 22:42). 그러므로 예수께서 세례를 받으시는 것은 죽음이었고, 그 너머 있는 부활이었다.

사실, 세례를 일종의 정결법에서 그 기원은 찾기도 하지만, 하나님의 백성됨의 공적 고백으로 세례는 구약의 할례에 비교될 수 있다. 할례란 무엇인가? 하나님의 백성된 표로 남자 성기의 표피를 잘라내는 것이다. 성기에 칼을 대는 순간, 상징적으로 옛 사람은 죽는다. 그리고 새 사람이 살게 된다. 이스라엘 백성들에게 할례를 받게 하신 것은 이 백성은 자연적 출생에 의한 존재가 아니라, 하나님에 의해 새로 태어난 생명이란 의미이다. 그래서 8일 만에 할례를 한다. 옛 창조의 7일이 지난 후에 새 창조의 첫날 할례를 하는 것이다.

세례식도 죽음과 부활을 재현한다. 오늘날 세례에서 죄 씻음의 의미를 강조하기에 물로 죄를 씻는 것을 상징하는 행위, 즉 물을 뿌리는 세례를 한다. 그러나 예수님의 세례는 물에 완전히 잠겼다가 올라오는 침례였다. 물론 물 속에 완전히 잠수했다가 일어났는지는 분명하지 않다. 그러나 물에 들어갔다가 나온 것은 확실하다. 물에 들어가는 순간 예수님은 죽은 것이다. 그리고 물에서 나왔을 때 예수님은 새로운 생명을 소유하게 된 것이다.

바울은 고린도전서 10장에서 이스라엘 백성들이 홍해를 건넌 사건을 세례라고 해석한다(고전 10:1-2). 이스라엘 백성들이 홍해에 들어가는 순간 그들은 죽은 것이다. 그리고 맞은 편 해안에서 홍해를 나올 때 그들은 새로운 생명을 소유하게 된 것이다. 마찬가지로 우리도 세례를 통하여 새로운 생명을 소유하게 된다.

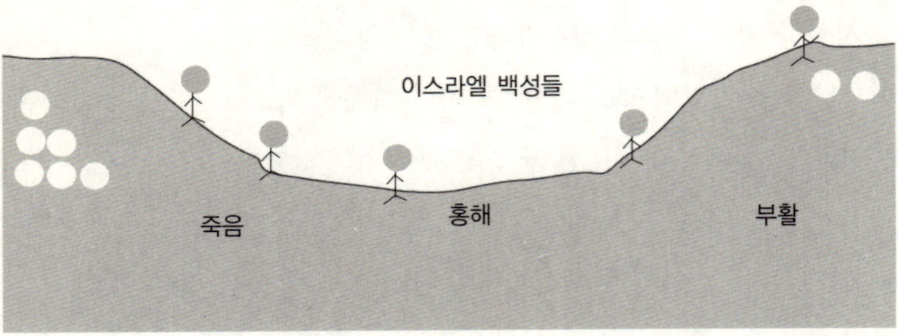

3. 새 창조

세례는 죽음과 부활의 사건이면서 동시에 '새 창조'의 사건이다. 모든 세례가 그리스도 안에서 새로운 피조물이 됨의 선포이지만, 그리스도의 세례는 새로운 창조에 대한 이미지로 가득하다. 예수님은 물에서 올라오실 때, 하늘이 열리고 성령이 비둘기 형체로 예수님에게 강림하셨다(마 3:16, 눅 3:22).

이 사건은 세 가지 구약 사건과 연관이 있다. 첫째로 창세기 1:2에서 피조물들 위에 성령께서 운행하신 것, 둘째로 노아 방주에 비둘기가 감람나무 잎사귀를 물고 내린 것, 셋째로 신명기 32:11에서 애굽으로부터 출애굽 때에 이스라엘을 업은 독수리같이 운행하신 것이다. 즉 '첫 창조'에서 성령이신 하나님의 신이 수면 위를 운행하셨다(창 1:2). 이 '운행하다'는 동사는 날짐승이 날개를 펴고 자기 새끼를 감싸고 이끌어 가는 모습을 나타낸다. 이렇듯 성령은 광야 교회의 이스라엘을 독수리가 날개 짓하듯 이끌어 가셨다(신 32:10-11). 독수리가 예수님의 세례 시에 비둘기로 바뀐 것은 그리스도 안에서 옛 것이 새롭게 창조되었기 때문이다. 그리고 홍수 후의 '재 창조'에서는 비둘기가 노아 방주로 감람나무 잎을 물고 날아왔다. 노아는 둘째 아담이고, 예수님은 마지막 아담이시다. 첫 창조에서 성령 외에는 아직 어떤 조류, 동물, 식물 등도 없었다. 성령만이 피조물 위에 날아 다니셨다. 그러나 노아에겐 비둘기가 날라 왔다. 새 창조는 옛 것의 변형이다.

성령께서 비둘기 같이 비행하시는 것은 '창조'의 이미지이기 때문에, 대 홍수 이후에 노아 방주로 비둘기가 날아 온 것은 새 창조가 된 것으로 유추할 수 있다. 그리고 베드로는 대 홍수 이후의 '새 창조'를 복음의 '새 창조'와 비교하고 있다(벧후 3:5-7). "이는 하늘이 옛적부터 있는 것과 땅이 물에서 나와 물로 성립한 것도 하나님의 말씀으로 된 것을 저희가 잊으려 함이로다. 이로 말미암아 그때 세상은 물의 넘침으로 멸망하였으되 이제 하늘과 땅은 그 동일한 말씀으로 불사르기 위하여 간수하신바 되어 경건치 아니한 사람들의 심판과 멸망의 날까지 보존하여 두신 것이니라." 게다가 '홍수'를 '세례'라고 말하고 있다(벧전 3:20-21). "그들은 전에 노아의 날 방주 예비할 동안 하나님이 오래 참고 기다리실 때에 순종치 아니하던 자들이라. 방주에서 물로 말미암아 구원을 얻은 자가 몇 명뿐이니 겨우 여덟 명이라. 물은 예수 그리스도의 부활하심으로 말미암아 이제 너희를 구원하는 표니 곧 세례라. 육체의 더러운 것을 제하여 버림이 아니요 오직 선한 양심이 하나님을 향하여 찾아가는 것이라." 노아 홍수와 예수님의 세례는 모형적 일치와 구속사적 진전을 보이고 있는 것이다.

그러므로 우리는 노아 홍수와 예수님의 세례 사이에 다음과 같은 모형론적인 비교들을 할 수 있을 것이다. 첫째, 방주는 물로 세례를 받았다. 예수님도 물로 세례를 받았다. 둘째, 방주는 땅에 정착했고 땅을 볼 수 있게 되었다(창 8:4-5). 예수께서도 요단 물에서 올라와 땅에 오르셨다(마 3:16). 셋째, 노아가 까마귀를 날려 보냈을 때에 그것이 돌아오지 않았다. 그러나 비둘기는 돌아왔다(창 8:6-9). 성령은 아들로부터 나왔고 예수님에게 날아 돌아왔다. 넷째, 비둘기는 발 내릴 곳을 찾지 못했었다(창 8:9). 성령께서는 죄가 없으시고 깨끗하셨기에 예수님 위에 내리셨다. 다섯째, 노아가 다시 비둘기를 날려 보냈을 때에 비둘기가 감람나무 잎사귀를 물고 날아왔다(창 8:11). 성경에서 감람나무 기름은 성령의 사역을 상징한다. 제사장들에게 감람기름이 부어졌고, 지성소의 스랍들은 감람나무로 만들어졌다. 이제 우리는 노아의 비둘기와의 연관을 지을 수 있는데, 예수님에게 비둘기가 임한 것은 예수님께 기름을 부으시는 것을 나타내는 것이다. 그것은 예수님을 대제사장으로 만드는 것이요, 하나님의 보좌를 지키시는 인간 스랍으로 만드는 것이다. 공사역의 시작을 알리는 것이다.

우리는 노아 홍수 사건이 첫 창조의 반복일 뿐 아니라, 새 창조의 모형이라는 것을 알 수 있다. 홍수와 출애굽 사건의 비교는 홍수와 홍해에서의 세례와 비교된다. 이러한 것들을 염두에 둘 때, 우리는 예수님의 세례가 '새 창조'를 나타내는 것임을 알 수 있다.

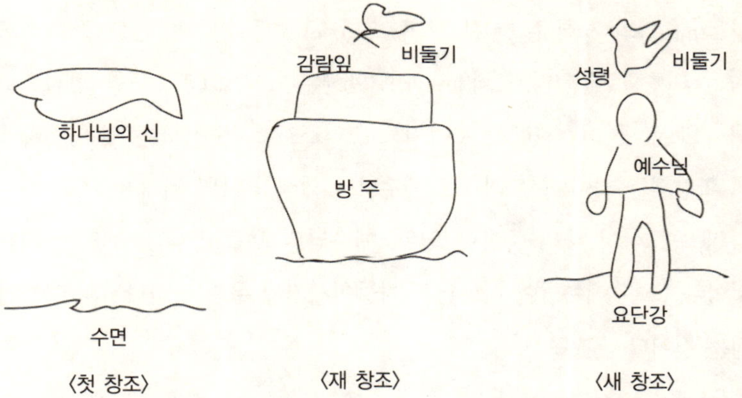

4. 내 사랑하는 아들

예수님의 세례는 예수님께서 자신의 백성들과 신비한 일치를 경험하는 일이다. 그것은 과거의 출애굽 사건을 재현하는 일인 동시에, 장차 세례를 통하여 그리스도와 하나가 될 신약 교회의 출애굽을 예표하는 일이다. 그리스도는 세례를 통하여 이미 출애굽한 이스라엘과 동일시된다. 그런데 하나님께서는 이를 확인이나 하시듯 다시 선언하신다(마 3:17). "이는 내 사랑하는 아들이요 내 기뻐하는 자라."

'하나님의 아들'이란 것은 전체 이스라엘을 대표하는 표현이기도 하다. 우리는 이미 아기 예수께서 애굽으로 피난하신 사건을 통하여 예수님의 온 교회적 인격(whole church person)을 보았다. 출애굽의 옛 이스라엘 백성들의 경험을 한 분 예수 그리스도의 경험과 일치시키며 "애굽에서 내 아들을 불렀다"라는 표현을 사용하고 있다(마 2:15). 옛 언약의 백성들(many)의 경험은 한 분 그리스도(one)에게 집약되고, 그 그리스도(one)를 통해 새 언약 교회(many)로 확산된다. 즉 그리스도를 정점으로 해서 모든 옛 이스라엘이 모아지고 그리스도를 통해 모든 새 이스라엘이 확장되는 것이다. 그러므로 예수님의 세례가 나의 세례가 되고, 예수님의 죽으심이 나의 죽음이 되고, 예수님의 부활이 나의 부활이 되는 것이다. 또한 예수님이 하나님의 아들이시기에 우리도 하나님의 아들이 되는 것이다.

나가면서

세례는 죄씻음을 상징한다. 죄사함은 피흘림을 통해 이루어진다. 그러므로 세례는 죽음이요, 또한 부활이다. 그리스도와의 신비로운 연합을 통하여 우리의 옛 사람은 죽고 새 사람이 산다. 새로운 피조물이 되는 것이다. 그러나 예수님의 세례는 개인적이지 않다. 옛 언약 세계가 죽고 새로운 언약 세계가 도래했음을 알리는 신호탄이다. 구속사적 사건이요 우주적 사건이다. 우리는 세례를 통하여 그리스도의 죽음과 부활에 동참한다. 소위 세례교인이 교회에 덕을 세우지 못하는 것은 세례가 죽음이란 것을 모르기 때문이다. 세례를 통해 옛 자아가 죽는 경험이 없었기 때문이다. 그러나 진정한 세례는 옛 자아의 죽음을 경험하게 한다. 아니 정과 욕심을 십자가에 못 박아 죽지 않은 사람은 그리스도의 이름으로 세례를 받을 수 없다. 교회는 무덤이다. 강단의 성찬상은 '관(棺)'을 의미하지 않는가? 성찬상은 사실 예수님의 몸(살과 피를 상징하는 떡과 포도즙)을 올려두는 관으로 쓰이지 않는가? 그리스도 안에서 세례 받은 우리들은 교회에 들어가는 순간 옛 사람이 죽고, 교회에서 나오면서 다시 새 사람을 살게 된다는 사실을 잊지 말아야 할 것이다. 나는 날마다 죽노라고 고백한 바울처럼 날마다 죽음을 경험한다면, 날마다 부활의 능력을 경험하게 될 것이다.

6. 신령과 진정으로 예배할 때

요한복음 4:19-26을 이렇게 보면 어떨까?

들어가면서

본문의 관찰을 위한 몇 가지 질문을 해보자. 요한복음 4:19-26에서 아버지께 "참으로 예배하는 자"들이 "신령과 진정으로" 예배할 때가 오는데, 왜 하필이면 "곧 이 때"(23절)라고 하는가? 그리고 "이 때"는 주님이 사역하시던 그 시대를 가리킨다. 그런데 만일 "신령과 진정으로"(23-24절) 예배하는 것이 예배자들의 마음가짐 및 내적 태도를 말한다고 한다면, 예수님 이전에는 경건한 예배자가 없었다는 말인가? 구약시대에는 진실한 마음으로 예배를 드리는 자가 없었다고 할 수 있는가? "신령과 진정으로 예배"(23-24절)란 무엇을 의미하는가? 그리고 "아버지께서는 이렇게 자기에게 예배하는 자들을 찾으시니라"(23절)는 것은 무슨 뜻인가?

1. 참으로 예배하는 자들

먼저 요한복음 4:23에 있는 "참으로"라는 부사의 번역은 '참'(알레티노이)이라는 형용사로 번역하는 것이 원어에 더 가깝다. 그리고 이 '참'이라는 말은 구속사적인 측면에서 이해하여야 한다. '사랑'의 반대말이 '증오'나 '미움'이 아니라 '무관심'이듯이, 요한복음에 나오는 '참' 또는 '진리'의 반대말은 '거짓'이라기보다 '그림자'라는 것이다. '참'의 반대는 옳고 그름의 차원의 '거짓'이 아니라, 구속사의 진전에 따라 구속사건 이전과 이후를 비교할 때, 그 정도의 차이를 나타내는 말이다. 즉 구약에서 신약으로 전환되는 구속사적 진전 상에서 볼 때 '그림자'와 '실체' 또는 '실물' 관계에서 말하는 '참'을 가리킨다.

이 말은 구약에서 예언되었던 것들이 신약에서 성취된 것을 가리키며, 구약에서 그림자/예표(type)이었던 것들이 신약에서는 실체/원형(antitype)이 된 것을 말한다. 또 구약 시대에 불완전하던 것들이 신약 시대에 온전한 것을 지칭하며, 구약 시대에는 허물이 있던 것들이었으나 신약 시대에는 흠이 없게 된 것을 '참' 또는 '진리'라고 한다(히 8:7-8).

따라서 예수님이 오시 전에 드렸던 모든 예배들은 '거짓 예배'는 아니었으나 '참 예배'도 아니었다. 다른 말로 표현하자면 구약 시대의 예배는 '잘못된 예배'는 아니었으나 '온전한 예배'도 아니었다. 그럼 구약 시대의 예배는 어떠한 예배이었던가? 예수님께서 오시기 이전의 예배는 그림자 예배요, 약속만을 가지고서 그 도래를 내다보는 예배였던 것이다. 즉 예표적인 성격을 띤 예배임으로 불완전한 예배이었던 것이다.

따라서 구약의 경건한 예배자들은 비록 거짓 예배자들은 아니었을지라도 참 예배자들도 아니었다. 그들은 신령과 진정으로 드리는 예배도

드리지 못했고, 신령과 진정으로 예배한 예배자들도 아니었다. 아브라함, 이삭, 야곱을 위시하여, 모세, 기드온, 삼손, 사무엘, 다윗, 엘리야, 엘리사, 다니엘, 느헤미야, 에스라 등등의 사람들도 결과적으로는 그런 의미에서 참 예배자들이 아니었다는 말이다.

그 이유는 무엇인가? 이러한 구약의 믿음의 위인들에게도 예수 그리스도가 필요했기 때문이다. 예수 그리스도 뿐만 아니라 신약 시대의 성도인 '우리들'까지도 필요하였기 때문이다. 이 놀라운 사실을 히브리서 기자는 다음과 같이 증거하고 있다. "이 사람들이 다 믿음으로 말미암아 증거를 받았으나 다 약속을 받지 못하였으니 이는 하나님이 우리를 위하여 더 좋은 것을 예비하셨은 즉 우리가 아니면 저희로 온전함을 이루지 못하게 하려 함이니라"(히 11:39-40). 그러므로 '참 예배자'라는 말은 예배드리는 당사자가 지니는 예배 태도 때문에 붙여진 이름이 아니라, 예수 그리스도의 오심으로 주어진 이름이다. 구속사적으로 볼 때, 예수님의 구속 사건을 통하여 하나님을 믿는 사람들이 곧 '참 예배자들'이란 말이다. 다시 말해서 신약 시대의 '참 예배자'란 명칭은 예배자의 진실성이나 정성과 같은 행위로 우리 자신이 쟁취한 것이 아니라, 구약에서 약속되고(롬 1:2), 바라보던(히 11:13) 실물/참이신 예수 그리스도로 말미암아 우리에게 주어진 이름이다.

2. 신령과 진정으로 예배

그렇다면 "신령과 진정"으로 드리는 예배란 것도 예배자의 경건성이나 진실성에 관한 태도를 나타내는 것이 아니다. 사실 '신령과 진정으로'(엔 프뉴마티 카이 알레데이아)란 표현에서 '신령'의 올바른 번역은 '성령'(Spirit)이므로, 이는 '하나님의 영'(the Spirit of God)이지 '사람의 영'이 아니다. 이 사실은 24절에서도 분명히 말하고 있다.

그렇다고 이 '영'(Spirit)을 대부분의 학자들처럼 요한복음에서 자주 말하는 이원론(dualism) 구도 아래서 파악하는 정도에서 끝나서는 안 된다. 즉 요한복음에서 이원론적 구도는 '예루살렘(또는 그리심)에서의 예배'와 '신령과 진정으로의 예배' 사이의 대조에서도 나타난다. 이것은 또한 세상적인 것과 천상적인 것, 또는 '아래로부터'와 '위에서부터', 그리고 '육'과 '영'의 구분에서도 이 구분을 볼 수 있다. 여기서 말하는 '영'(Spirit)은 이러한 이원론적 구분에서 말하는 '성령'(Holy Spirit)보다 다른 측면의 뜻을 지니고 있다. 즉 구속사적인 측면에서 그 의미를 살펴야 한다.

이러한 구속사적 측면은 21절에서 예배의 장소성을 배제한데서부터 극명하게 드러난다. 하나님께서 그의 이름을 두신 예루살렘과 거기 있는 성전 예배 자체를 예수님께서 배제하시는 획기적인 선언을 하셨다. 이 사실은 유대인의 종교적 차원은 물론 민족적 차원에서도 엄청난 선언이다. 유대인에게는 그들의 성전예배의 폐지란 상상도 못할 일이다.

이것은 혹자의 주장과 같이 단순히 하나님의 영성에 근거한 말씀이 아니다. 즉 "하나님은 영이시기에 그저 한 장소에서 예배드릴 수 없으며, 따라서 어떤 장소에다 하나님을 한정하여 둘 수 없다고 예수님이 주장하신 정도가 아니다. 만일 그것이 사실이었다면 예수님께서 예루살렘에서 예배를 더 이상 드리지 않아도 되는 '때가 오고 있으며, 지금이 바로 그 때이다'라고 말씀하시지 않았을 것이다." 하나님은 언제 어디서나 영이시기 때문이다. 그 '오는 때'란 예수님께서 죽으시고 부활하시는 때를 가리킨다(요 2:4; 7:6, 8, 30, 8:20, 16:32, 17:1). 예수님의 십자가 희생제사가 참 제사요 최종적인 제사이다. 이 단번에 드리는 영원한 산 제사가 드려지면 짐승으로 제물로 삼는 제사와 그 장소는 무의미하게 된다. 이제 예수님께서 참 성전(True Temple)으로서 오셨기 때문이다(요 1:14, 2:19).

예수님은 사마리아 여자에게 '성전 없는'(templeless) 예배를 드려야 한다고 말씀하신 것이 아니라, 진리의 예배를 드려야 한다고 말씀하셨다. 그런데 예수님 자신이 진리요, 참 성전이시다. 그리고 예수님은 성령의 예배를 말씀하셨다. 예배자가 가지고 드려야 할 이 성령은 예수님 자신이 주시는 성령이요, 영생에 이르게 하는 샘물이다(요 4:14). 이 말씀은 요한복음 7:38-39에 비추어 보면 이 생수는 오순절에 주님이 부어주신 '진리의 영'이시다. 여기서 우리는 성령의 구속사적인 측면을 볼 수 있다.

요약해서 말하자면 "신령과 진정"으로 드리는 예배는 형식적 예배와는 다르게 예배자의 내적 정신 자세를 가다듬은 예배 정도가 아니다. 그렇다고 여기서 말하는 "신령과 진정"이 요한복음에서 흔히 보는 이원론적 구도에서 말하듯이 거짓에 반대되는 진리나, 육에 반대되는 영을 가리키는 차원도 아니다. 이 "신령과 진정"이 지니는 의미는 구속사적인 측면을 가진다. 즉 "신령"은 예수님의 십자가 구속 사건으로 오시는 오순절의 진리의 영이요, "진정"은 돌로 지은 그림자 성전에 대한 참 성전이신 예수님 자신을 말한다.

이 표현이 지니는 이러한 구속사적 의미는 언어학적으로도 지지를 받는다. 이 "신령과 진정"은 바로 번역하면 '(성)령과 진리로'라는 뜻이다(그래서 한글개역 개정판 성경에서는 '영과 진리'라고 번역하고 있다). 여기서 원어나 영어로는 관사가 붙지 않은 두 명사 '성령과 진리'를 하나의 전치사로써 연결하여 하나의 개념을 형성하고 있다. 즉 '성령과 진리'가 아주 동떨어진 별개의 두 개념이라기보다 서로 밀접한 관련이 있는 개념이라 하겠다. 학자들은 '성령과 진리'란 표현을 (bread and butter는 '빵'과 '버터'가 아니라 '버터 바른 빵'으로 해석하듯이) 중언법으로 여겨서 "진리의 영"(Spirit of truth)과 같이 볼 수도 있다고 한다. 요한복음 14장에서 16장은 이 진리의 영 곧 보혜사 성령을 소개하고 있다. 진리의 영은 곧 예수님이 승천하신 후 오순절에 보내신 성령이다.

3. 아버지께서 찾으시는 예배자들

우리가 또한 놓쳐서 안 되는 중요한 구속사적 관점이 있다. 바로 "아버지"란 표현이다. 구약에는 하나님을 '아버지'라고 부르는 경우가 매우 드물게 나타난다(신 32:6, 사 63:16, 64:8). 그러나 요한복음은 이 표현을 자주 사용하고 있다. 그것도 예수님이 하나님을 아버지라고 주로 사용하신다. 사실, 예수님은 하나님의 아들이라고 자신을 밝힌 것 때문에 죽임을 당하셨다(눅 22:70-71). 그런데 예수님께서 하나님을 아버지라고 하실 때, 특히 참 예배자와 하나님과의 새로운 관계를 묘사할 때 이 표현을 쓰고 있다(요 1:12, 3:5이하). 이런 점에서 이 '아버지'라는 표현은 구속사적인 의미를 담고 있는 것이다.

예수님은 유대인들이 하나님을 안다고 말하는 주장을 부인하신다(요 7:28-29, 8:19, 54-55, 15:21, 16:3, 17:25). 그 이유는 그들이 예수님을 모르고서는 하나님을 알 수 없다는 것이다. 반대로 예수님을 아는 자들은 그의 '아버지'도 알며 영생도 가진다는 말이다(요 14:7, 17:3). 이 말은 구약만을 통하여 아는 하나님은 신약만큼 온전한 하나님이 아닌 반면에, 예수님이 '아버지'로 계시하시는 하나님이 참 하나님이시라는 말도 된다. 그런 점에서도 '아버지'라는 말은 구속사적인 의미를 담고 있다는 말이 옳다.

그리고 우리 본문에서는 유대인이 아닌 사마리아인들('너희가', 21절)도 하나님을 '아버지'라고 부를 수 있음을 보여주고 있다. 오늘날 우리들이 하나님을 아버지라고 부를 수 있는 것도 예수 그리스도의 오심 때문이다.

그렇다면 23절에서 "아버지께서 이렇게 자기에게 예배하는 자들을 찾으시느니라"는 말씀은 무슨 의미일까? 이는 하나님께서 예배하는 자들에게 특별한 은총을 베풀어주심을 묘사하는 것같이 보인다. 그러나 여기 나오는 '찾는다'(제이테오)는 동사는 현재형으로 '구한다', '찾고 있다'는 뜻이다. 즉 하나님께서는 예수 그리스도를 통하여, 진리의 영으로 경배하는 참 예배자들을 찾고 계시며, 모으시려고 한다는 말이다. 이것은 신약 교회의 시작과 확장을 선언하시는 말씀과도 같다고 볼 수 있다.

다른 말로 표현하자면 하나님 나라의 새로운 선언인 것이다. 즉 성도를 모으시어 하나님의 교회를 세워 나가시고 확장하시고자 하는 하나님의 열망이 표현된 말인 것이다.

나가면서

요한복음 4:1-26은 소위 '사마리아 여인과의 대화'(Jesus talks with a Samaritan woman)란 본문이다. 예수님의 사마리아 여인과의 대화는 전도에 대한 많은 것을 생각하게 한다. 기피 대상인 사마리아 여인을 전도 대상으로 삼으신 것, 물이란 접촉점을 사용하신 것, 그녀의 필요를 간파하시고 물질적인 것에서 영적인 것으로 접근하신 것 등등. 예수님께서 탁월한 전도자이심을 보게 한다. 어디 그 뿐이랴? 이어지는 요한복음 4:27-39에서 예수님께서는 전도하시는 것이 '나의 양식'이라고 하셨고, 너희도 전도하라고 하셨다. 그리고 이어지는 구절인 요한복음 4:39-42는 많은 사마리아인들이 믿게 되었다고 전도 결과를 언급하고 있다. 중요한 것은 본문이 전도에 대한 풍성한 가르침을 주고 있다는 사실이다. 그런데 대부분 본문을 전도가 아닌 예배에 대한 교훈을 주는 본문으로 이해한다. 물론 우리는 전도나 예배에 대한 교훈을 받을 수 있다. 그러나 구속사적인 시각으로 본문을 읽어야 할 것이다.

본문은 지리적으로 유대를 떠나 갈릴리로 가면서 일어난 일이다(요 4:3). 사마리아인의 마을에서 이틀을 머무신 후에 예수님은 갈릴리로 가셨다. 그리고 갈릴리 사람들의 영접을 받으셨다(요 4:43, 45). 신약 교회는 지리적으로 예루살렘과 유대와 사마리아와 땅 끝까지 복음을 전해야 할 것이다(행 1:8). 이러한 구속사의 진전은 예수님의 삶 속에서 이미 나타난다. 예수께서는 예루살렘과 유대에서 사마리아를 거쳐(땅 끝, 즉 해변의) 갈릴리로 가신 것이다. 이것은 예수님의 오심으로 그림자 예배가 아닌 '참 예배', '진리의 성령'으로 드리는 예배가 가능해졌기 때문이다. 그래서 하나님을 아버지로 부르는 신약 교회가 태동하게 된 것이다. 이제 교회는 그리스도의 삶을 확장해 가야 한다.

7. 혼인잔치의 예수님

마태복음 9:18-26을 이렇게 보면 어떨까?

들어가면서

예수님의 말씀들만 계시가 아니라 예수님의 행위들도 계시이다. "옛적에 선지자들로 여러 부분과 여러 모양으로 우리 조상들에게 말씀하신 하나님이 이 모든 날 마지막에 아들로 우리에게 말씀"하시기 때문이다 (히 1:1-2). 아들로 말씀하신다는 것은 아들의 입을 통하여 말씀하신다는 것 뿐 아니라 아들의 인격과 삶(사역)을 통하여 말씀하심을 포함하는 일이다. 그러므로 우리는 예수님의 행동을 단순한 행동으로 보기보다는 계시사적인 측면에서 이해해야 할 것이다. 십자가와 부활만이 구속사적인 사건이 아니라 예수님의 전 생애가 한편의 구속사적 사건인 셈이다.

그런 측면에서 마태복음 8-9장은 5-7장과 함께 가르침과 행동으로 나타나는 하나님 나라의 선포 사역을 소개해 주는 것이다. 즉 산상수훈이 가르침 속에서 말씀의 권위를 나타내는 것이라면, 이 장들은 질병과 부정함과 피조물과 귀신들과 죽음에 대한 예수님의 말씀의 권위를 나타내는 것이다. 예수님에게서 하나님 나라는 말에 있지 않고, 실제 행위에 있었다. 혹은 더 나아가 왕의 말씀은 행위로 성취되었다. 이 장들은 예수님께서 죄로부터 구원하시고 구원의 길을 가르쳐 주실 뿐 아니라, 모든 죄의 결과로부터도 구원하신다는 것을 분명하게 계시하고 있다.

1. 다르면서 같은 사건

마태복음 8-9장은 열 개의 기적들이 아홉 개의 이야기 속에 나타난다. 아홉 개의 이야기는 다음과 같은 것들이다. 문둥병자(8:1-4), 백부장의 종(8:5-13), 베드로의 장모(8:14-15), 풍랑이 잠잠케 됨(8:23-27), 거라사의 귀신들린 사람(8:28-34), 중풍병자(9:1-8), 회당장의 딸과 혈루증 여인(9:18-26), 두 소경(9:27-31), 귀신들려 벙어리 된 자(9:32-34). 그 가운데 가장 흥미 있는 본문은 회당장 야이로의 딸이 죽었다가 살아난 것과 혈루증 앓는 여자가 치료된 것의 이야기가 결합된 마태복음 9:18-26일 것이다.

마태의 본문은 야이로의 딸의 이야기와 혈루증 앓는 여인의 이야기 사이의 병행을 우리가 볼 수 있도록 구성되어 있다. 특히 12라는 숫자의 반복을 통하여 두 이야기 사이의 강한 연관성을 보여주고 있다. 여자가 혈루증을 앓던 기간이 12년이다. 야이로의 딸도 12살이다(cf. 막 5:42). 아마 두 여자는 거의 비슷한 시기에 병을 얻거나 태어난 것 같다. 그런데 두 여자는 모두 같은 날에 생명을 얻는다. 구약의 정결법을 생각할 때, 혈루증에 걸린 여자는 죽은 자이다. 생명의 근원인 피가 몸 밖으로 흘러나오기 때문이다. 그 여인이 부정함에서 깨끗함을 입은 것은 상징적인 의미에서 부활을 한 셈이다. 그러므로 죽었다가 살아난 12살 소녀에 대한 사건이나 12년 동안 종교적 죽음에서 깨끗함을 입은 혈루증 걸린 여인의 치료 사건은 서로 달라 보이지만 본질적으로 같은 사건인 것이다.

2. 같으면서 다른 묘사

전체적으로 보면, 이 두 가지 기적에 대한 마태의 묘사는 마가나 누가의 것보다 요약적이다. 마태는 야이로가 회당을 맡았다는 말이나 이름에 대한 언급도 없이 단지 "한 직원"이라고만 소개할 뿐이다. 또한 마태는 혈루증 앓는 여자가 의원을 찾아갔다든지 예수님께서 '누가 내게 손을 대었느냐?'고 물었다든지 하는 것을 우리에게 말하지 않는다. 마태는 야이로의 딸의 나이도 말하지 않고, 그녀가 다시 살아 난 후에 음식을 먹었다든지 하는 것을 우리에게 말하지 않는다.

이 모든 것들이 누락된 사실에 비하면, 마태가 다른 복음서에서는 볼 수 없는 한 가지 요소를 주목해서 기록하고 있다는 것은 놀라운 일이다. 즉 마태복음 9:23에서 기록된 것처럼, 예수님께서 그 직원의 집에 오셨을 때에 '피리 부는 자들을 보셨다'는 것이다. 마가와 누가는 단지 그 집에 '우는 자들'로 가득했다고 한다(막 5:38, 눅 8:52). 그런데 마태는 우는 자들과 함께 피리 부는 자들이 있었다고 한다. 마태는 야이로의 딸이 살아난 사건을 매우 요약적으로 묘사하고 있는데, 이렇듯 피리 부는 자들에게 주목했다는 사실은 매우 이례적인 것이다. 그런데 더욱 놀라운 것은 이 피리 부는 자들에 대해서 마태가 자주 언급하고 있다는 사실이다.

3. 피리 부는 자

성경에서 대개의 경우 '피리 부는 자'들은 즐거움의 잔치와 연관되어 보인다(삼상 10:5, 왕상 1:40, 욥 21:12, 사 5:12, 30:29, 계 18:22). 슬픔 가운데 피리를 부는 것은 구약에서는 잘 찾아 볼 수 없는 사상이다. 비록 예레미야가 자신의 마음이 모압을 위하여 피리 같이 소리한다고 하지만(렘 48:36), 이것은 피리 소리 자체가 슬픔을 노래하는 것이란 의미는 아니다. 또한 욥이 자신의 수금이 애곡성이 되고 피리가 애통성이 되었다는 것도 즐거움이 변해 슬픔이 되었다는 것이지 역시 피리 소리 자체가 슬픔을 의미하지는 않는 것이다(욥 30:31). 그러므로 우리가 구약에서 볼 수 있는 '피리'라는 것에 대한 보편적인 정서는 피리가 기쁨의 도구라는 것이다.

신약에서 예수님께서도 피리는 잔치자리에서 부는 것으로 인식하셨음이 분명하다. 예수님은 그 당시의 유대인들을 장터에 앉아 '잔치놀이'와 '장례놀이'를 하는 아이들과 비교하셨다. "이 세대를 무엇으로 비유할고 비유컨대 아이들이 장터에 앉아 제 동무를 불러 가로되 우리가 너희를 향하여 피리를 불어도 너희가 춤추지 않고 우리가 애곡을 하여도 너희가 가슴을 치지 아니하였다 함과 같도다"(마 11:16-17). 그리고 예수님은 이 비유를 보충해서 설명하신다. 요한이 회개를 외쳤을 때 그들은 울지 않았고, 예수님께서 하나님 나라의 복음을 전파해도 그들은 즐거워하지 않았다. 대신에, 그들은 요한을 귀신들렸다고 했고, 예수님을 먹기를 탐하고 세리와 죄인의 친구라고 정죄를 했다(마 11:18-19, cf. 신 21:18-21). 피리는 잔치에 사용되는 것이었다.

또한 마태복음 11:7-19은 9:14-26과 많은 병행들을 가지고 있다. 몇몇 주제들이 이 두 본문에서 공통적인 것이다. 즉 옛 질서와 새 질서의 관계(11:11-12, 9:15-17), 세례 요한의 역할(11:14, 9:14), 그리스도의 오심으로 인한 기쁨(11:17-19, 9:15) 등이다. 이런 강한 주제적인 평행에서, 피리 부는 자들이 등장하는 것은 우연이 아닌 것으로 보인다. 마태복음 11장의 '피리'는 유대인들이 적의에 찬 반응에 대조적으로, 예수님에 의해 선포되고 시작된 하나님 나라의 즐거움을 나타내는 것이다.

마태복음 9장에서 '피리 부는 자들'의 역할을 이해하기 위해서, 우리는 반드시 보다 넓은 문맥을 주목해야 할 것이다. 예수님은 야이로와 마주치기 바로 직전에 요한의 제자들의 금식하는 것에 대해 토론하셨다(마 9:14-17). 왜 예수님의 제자들은 바리새인들과 요한의 제자들처럼 엄격한 금식을 지키지 않는가라고 질문을 받을 때, 예수님께서는 옛 것과 새 것을 대조시키는 것으로 설명하셨다. 요한은 여전히 '옛 질서' 즉, 옛 언약 시대의 일부이다. 그러므로 금식은 요한에게 적절한 것이다. 왜냐하면, 잔치 날이 시작되지 않았고 신랑이 도착하지 않았기 때문이다. 그러나 신랑이 나타났을 때 잔치는 시작된다. 신랑 앞에서 슬퍼하는 것은 그에게 모욕이 된다. 신랑이 오는 것은 금식과 슬픔의 끝을 의미하고, 하나님 나라 잔치의 시작을 의미한다.

4. 혼인잔치

두 여자가 고침을 받는 본문의 사건들(마 9:18-26)은 신부를 구원하시기 위해 오신 '신적인 신랑'(9:14-17)의 주제를 계속해서 보여주는 것이다. 예수님은 신랑이시다. 그리고 자신이 치료한 두 여자는 신부인 것이다(cf. 민 12장). 혈루증이 있는 여자는 분명하게 예수님의 겉옷의 옷술을 만졌을 것이다. 마태복음 9:20의 '겉옷 가'라고 번역되고 있는 이 말은 아마 '옷술'로 이해해야 할 것이다. 여자들이 옷술로 수놓아진 겉옷을 만지는 것은 청혼의 표이다(cf. 신 22:12-30). 룻이 보아스의 발치 이불을 들고 누운 것으로 한글성경에는 나타나는데(룻 3:7-9), '이불'이란 것은 원문에 없는 번역이다. 그저 겉옷자락을 잡은 것이다. 유대인들의 겉옷은 이불로 자연스럽게 사용되었기에 가능한 번역일 것이다.

옷술을 잡음으로 혈루증을 앓던 부정한 여인은 신적인 신랑과 혼인하기를 원한 것이다. 즉 그의 옷자락으로 덮여지기를 원한 것이다. 예수님은 그녀의 부정함 때문에 그녀를 거부하는 대신에 그녀를 깨끗하게 하셨고, 그녀를 새로운 결혼 언약 속으로 받아들이셨다.

그런데 얼마나 아이러닉한지, 죽은 야이로의 딸이 깨어난 곳에서 예수님은 피리 부는 자들에 의해 영접되었다. 예수님은 당신의 신부의 생명을 돌려놓기 위해 오신 신랑이셨다. 그가 피리 부는 자들, 즉 결혼을 축하하는 소리를 내는 자들에 의해 영접된 것은 당연한 것이었다. 비록 피리 부는 자들은 자신들이 무엇을 하는지 깨닫지 못했을 것이다. 그러나 그들의 행동은 신랑이 도착했음을 알리는 선포였던 것이다. 예수님은 죽은 자를 생명으로 일으키셨다. 그러나 피리 부는 자들은 계속해서 소녀의 죽음을 슬퍼했다. 그들은 즐거워하지 않고 조롱했다. 이스마엘 같이, 그들은 위대한 이삭을 비웃었다. 그들은 신랑을 기쁨이 아니라 슬픔 가운데 맞았다. 그들의 행동은 결혼 잔치의 참을 수 없는 행위였다. 그들은 피리를 불어도 춤추지 않는 장터에 앉은 아이들처럼, 그 시대 사람들의 전형적인 인물들이었다.

나가면서

예수님은 하나님 나라가 시작되었음을 선포하셨다. 산상수훈은 단지 천국백성들의 윤리 강령 정도가 아니라 그 나라의 본질에 대한 가르침이기도 하다. 이어서 예수님은 여러 가지 기적들을 통하여 그 나라의 본질들을 계시하셨다. 요한과 옛 언약 백성들은 금식하며 신랑의 오심을 기다려야 했지만, 신적인 신랑이신 예수 그리스도의 오심으로 이제 천국 혼인잔치는 시작되었다. 천국 백성들은 울며 애통하기보다 피리 불며 즐거워해야 할 것이다. 옛 언약 백성들은 그리스도의 오심의 의미를 제대로 이해하지 못했다. 그들은 여전히 울며 훤화하고 예수님을 조롱할 뿐이었다. 그러나 어린양의 혼인 잔치 때가 이를 것이다.

계시록 19장에서 우리는 성부와 함께 하늘에서 기뻐하는 성도들을 보게 된다. 역사의 대 축제가 진정으로 시작되는 순간이다. 오순절에 시작된 혼인 잔치는 아브라함의 집에서 이스마엘이 쫓겨나는 시기, 즉 자칭 유대인이라 하나 실상은 사단의 회인 거짓 유대인들이 심판을 받는

AD 70년에 일어난 사건을 통해 절정에 이른다. 예수님을 조롱하던 자들은 이제 역사 저편으로 사라지고, 어린양의 혼인 잔치가 계속될 때 교회는 아마겟돈 전쟁, 즉 열방을 복음으로 정복하는 전쟁을 치르게 된다.

8. 불의한 청지기

누가복음 16:1-18을 이렇게 보면 어떨까? -

들어가면서

본문에 대한 전통적인 해석은 청지기가 그의 정직하지 못한 것 때문이 아니라 영리함 때문에 칭찬을 받아야 한다는 것이다. 그리고 예수님께서 우리가 이 세상에서 지혜롭게 살도록 충고하신다고 한다. 심지어 신자가 내세의 상급을 얻기 위해 세상에서 물질로 구제하는 것이 지혜롭다고 해석하기도 한다. 그러나 예수님의 가르침을 공자와도 같은 성현들이나 이솝우화의 가르침 정도로 '좋은 충고'로 보는 것은 있을 수 없는 일이다. 그렇다면 본문인 소위 '불의한 청지기 비유'가 의미하는 바는 무엇일까? 우리는 그 의미를 파악하기 위하여 먼저 본문의 문맥을 고려해야 한다. 그리고 신약 구속사의 전체 맥락와도 연관지어 생각할 수 있어야 할 것이다.

1. 본문의 문맥들

이 비유의 발단은 다음과 같다. 세리와 죄인들이 예수님 주변에 몰려와서 말씀을 경청하는데, 바리새인과 서기관들은 예수님께서 그들과 교제하시는 것을 원망하고 있는 것이다(눅 15:1-2). 그래서 예수님께서 바리새인들과 죄인들에게 말씀하신 것이 '잃은 양 비유'이다(눅 15:3-7). 그리고 이어서 '잃은 동전 비유'를 말씀하신다(눅 15:8-10). 그래도 그들이 수긍하지 않자 '잃은 아들 비유'와 결국은 '불의한 청지기 비유'를 말씀하시는 것이다. 우리는 먼저 이러한 맥락을 이해하는 가운데에서 본문을 읽어야 한다.

그런데 우리는 나중의 두 비유는 처음의 두 비유에서 발전한 것을 볼 수 있다. 즉 '잃은 양 비유'는 '잃은 아들 비유'로, '잃은 동전 비유'는 '불의한 청지기 비유'로 발전한 것이다. '잃은 아들의 비유'(눅 15:11-32)는 바리새인들과 죄인들에게 설교되어진다. 이 비유에서 아버지가 기뻐하는 것은 마치 목자가 그의 양을 찾고 기뻐하는 것과 같다. 아버지가 아들을 찾고 축하하기 위하여 연회를 베푸는 것처럼 목자는 그의 양을 찾은 것을 축하하기 위하여 그의 이웃들을 초대한다. 그런데 우리는 이것이 발전된 '잃은 아들의 비유'에서 새로운 요소를 찾는다. 동생이 돌아온 것을 축하하는 잔치를 거부한 형이다. 이제 아무도 이 비유가 시사하는 바를 의심할 수 없을 것이다.

문맥에서 '형'은 '이스라엘의 지도자들', 즉 이 비유를 듣는 자들인 '바리새인과 서기관들'을 상징하는 것이 분명하기 때문이다. 한편 '동생'은 예수님을 통하여 하나님께 돌아오나 이스라엘의 종교 지도자들에 의해 환영을 받지 못하는 '세리들과 죄인들'을 상징한다. 그러므로 '잃은 아들의 비유'는 바리새인들의 부정적인 반응이 가져온 '잃은 양의 비유'의 의미를 확대하는 것이다.

'불의한 청지기'에 대한 비유에서도 이와 같은 흐름이 이어진다. 예수님의 이야기가 끝나자 바리새인들과 서기관들은 여전히 거기서 예수님의 말씀을 열심히 듣고 있었고, 예수님의 말씀이 끝나자 그들은 그 비유의 말씀에 대해서 비난한다. 예수님께서는 그들의 이러한 태도를 꾸짖으신다. 그리고 계속해서 다시 한 번 바리새인들을 암시하는 '부자와 나사로 비유'를 말씀하신다. 이 사건은 이스라엘 종교 지도자들에 대한 분명한 암시가 있는, 약한 자들과 가난한 자들을 해롭게 할 걸림돌에 대해서 예수님께서 당신의 제자들에게 경고하시는 누가복음 17:1-10에서야 끝이 난다. 누가복음의 이 부분 전체를 통하여, 바리새인들과 서기관들이 바로 그 비유의 목적인 것을 우리는 확정할 수 있다. 그러므로 예수님께서 불의한 청지기 비유를 하신 목적도 바리새인과 서기관들을 염두에 두신 것이다.

2. 청지기의 위기

이제 이 해석학적인 가설을 비유 자체에 적용해 보자. 어떤 부자(하나님)에게 청지기(이스라엘의 종교 지도자)가 있었다. 청지기는 부자의 소유를 낭비하였다(눅 16:1). 이것이 의미하는 바는 바리새인과 서기관들(과 사두개인과 대 제사장들 등)이 그들의 직무를 남용한 것을 말한다. 즉 하나님께서 당신의 백성들을 섬기라고 주신 은사들을 자신들의 즐거움을 위해 사용한 것이다. 14절에서 바리새인들의 즉각적인 반응을 주목하라. 왜냐하면 그들은 "돈을 사랑했기" 때문이다.

주인(하나님)은 청지기를 회계하기 위하여 불렀다. 그리고 더 이상 그들이 청지기가 되지 못할 것이라고 경고했다(눅 16:2). 하나님께서 예수님의 사역을 통하여 그렇게 하신 것이다. 예수님은 지도자들이 회개할 것을 지속적으로 요구했다. 이는 그들이 예수님을 미워한 이유이기도 했다. 예수님이 전하신 복음의 핵심은 새로운 하나님 나라가 도래할 것이라는 것이다. 그리고 청지기 직분이 새로운 언약의 백성들에게 주어질 것이라는 것이다.

이제 우리는 이 청지기가 지혜롭게 하는 것을 보게 된다. 그는 이전에 자신이 학대했던 사람들을 친구로 삼기로 작정한다. 그래서 그가 직무를 떠날 때 "그들이 자신들의 집(교회)으로 자기를 영접하도록 한다(눅 16:3-4)." 즉 이 지혜로운 바리새인은 세리와 죄인들의 친구가 된다. 왜냐하면 그들이 새로운 나라를 상속받을 것이기 때문이다.

3. 빚의 본질

지혜로운 청지기는 가난한 자들이 주인에게 진 빚을 감해준다(눅 16:5-7). 이 비유에서 이러한 행동을 불의하다거나 부정직한 것이라고 하지 않는 것을 주목하라. 일상생활에서 주인이 받을 '빚'을 감해주는 것은 어리석고도 불의한 일일 것이다. 그러나 이 비유에서 주인은 오히려 그 청지기를 칭찬하고 있다. 이것은 영적인 문제이기 때문이다. 바리새인들은 율법의 무거운 짐(빚들)을 더한 죄가 있다. 가난한 자들의 결박을 가중시킨 죄가 분명히 있었다. 바로 이러한 이유 때문에 예수님은 이미 바리새인들을 정죄하신 적이 있다. 즉 "화가 있다 또 너희 율법사여! 지기 어려운 짐을 사람에게 지우고 너희는 한 손가락도 이 짐에 대지 않는도다"(눅 11:46). 이 비유에서 청지기가 어떻게 말하는지를 주목하라. "땅을 파자니 힘이 없고 빌어먹자니 부끄럽구나(눅 16:3)". 청지기는 자신은 지기를 원치 않았던 짐을 사람들에게 지웠던 것이다.

마태복음 23장에서 바리새인들과 서기관들에게 소위 '일곱 가지 화(禍)'를 말하는 것과 누가복음 11:46-52를 비교해보면, 율법사들은 바리새인과 서기관들과 동일한 부류의 사람들인 것을 알 수 있다. 율법사들은 짐을 건드리기조차 않으려고 했다. 여기에서 "짐들"은 "만지지 마라, 먹지 마라, 다루지 마라"는 것과 같은 것들이다. 즉 바리새인들에 의해서 율법에 첨부된 것들이다. 즉 구전(口傳)들이다. 이러한 구전들을 위반한 것의 회복을 위해서는 성전에서 금전적인 지불을 필요로 했다(레 5:14-6:7). 그리고 그 돈은 모두 종교 지도자들의 차지가 되었다. 그러므로 이런 금지 사항들을 추가함으로 종교 지도자들은 금전적인 이익을 챙긴 것이다.

이러한 배경을 염두에 두고, 우리는 이 비유에서 언급한 '빚'의 본질에 대해서 보다 분명하게 이해 할 수 있다. 서기관들이나 바리새인들에 의해 압제가 있은 곳에서는 종종 실제로 재정적인 어려움이 발생했다. 이스라엘에서 부자는 이들이 종교적인 속임수로 가난한 자들을 강탈한 결과였다. 예를 들면, 성전의 희생 제물에 대하여 터무니없는 값을 매기는 것이다(눅 19:46). 혹은 부모들에게 갈 것을 주지 않고 이익을 남기도록 사람들을 설득하는 것이다(눅 7:9-13). 혹은 과부의 돈을 기부하도록 만드는 것이다(눅 20:47). 세리들은 백성들에게 과중한 세금을 매겨 강탈했다. 그러나 이는 단순한 압제였다. 종교 지도자들은 백성들을 하나님의 말씀을 거짓으로 가르치는 것으로 강탈했는데, 이는 참람(僭濫)한 짓이었다. 그들은 세리들보다도 더 저주를 받을 짓을 한 것이다.

그래서 본문의 불의한 청지기는 생각을 바꾸었다. 그는 청지기 사무를 계속하지 못하리라고 한 주인의 말을 믿고, 그것에 근거해서 행동을 했다. 예수님께서 바리새인들에게 같은 충고를 하셨다. 예수님은 그들에게 그들의 날이 얼마 남지 않았다는 것을 말씀하신 것이다. 그래서 그들이 압제한 사람들과 화평하도록 충고하신 것이다.

주인은 청지기의 영리한 행동을 칭찬했다(눅 16:8). 이는 마치 예수님께서 바리새인들에게 그들이 가난한 자들을 압제하지 않고 그들과 화목하면 하나님께서 그들을 칭찬하신다고 하는 것이다. 예수님께서는 이 세대의 아들들이 빛의 자녀들보다 더 지혜롭다고 하신다. 비록 '빛의 자녀들'인 유대 종교지도자들이 그렇게 하지 못할지라도, '이 세대의 아들들'인 이방인들은 오히려 예수님이 하신 말씀을 순종한다는 것이다.

4. 불의의 재물

예수님은 그들에게 불의한 맘몬(재물)을 수단으로 친구를 사귀라고 한다. 그리하면 그것이 없어질 때에 "그들이" 영원한 처소로 영접할 것이라고 한다(눅 16:9). 여기에서 "그들은" 누구인가? 문맥에서 그들은 "빚진 자들"이다(4절). 가난한 자들이 새로운 나라를 상속받을 것이다. 그리고 어떤 의미에서 그들이 바리새인들을 그 새로운 나라로 받아들일 것인지 아닌지를 결정할 것이다. 그래서 예수님께서는 바리새인들에게 말씀하시기를 그들이 가난한 자들에게 지운 짐을 옮기고 그들과 화목하는 것이 나을 것이라고 하시는 것이다. 그러면 그들이 오는 나라에 들어가게 될 것이라고 하시는 것이다.

여기에서 우리는 중요한 원리를 배우게 된다. 작은 것에 충성된 자들에게 더욱 줄 것이라는 것이다(눅 16:10-12). 만약 우리들이 맘몬(재물)도 다룰 줄 모른다면, 누가 우리들에게 진정한 부를 주겠는가? 이것은 문맥을 떠나서도 여전히 진리이다. 공자도 비슷한 것, 예를 들면 수신(修身) 제가(齊家) 치국(治國) 평천하(平天下)라고 말했다. 그러나 예수님의 말씀이 그것과 다른 측면을 지니고 있다. 우리는 구속사적인 맥락에서 본문을 볼 수 있어야 한다. 문맥에서 '많이 가진 자'는 종교 지도자들이다. 그들은 '작은 것'(옛 언약)에 충성하지 못했다. 그래서 그들에게 '큰 것'(새 언약)이 주어지지 않았던 것이다.

예수님은 사람들이 하나님과 맘몬이란 두 주인을 사랑하지 못할 것이라고 말씀하신다(눅 16:13-14). 사실 그렇다. 이스라엘과 교회에서 종교 지도자들은 돈을 다루는 일을 해야 했다. 즉 옛 언약에서는 속건제의 돈을 다루어야 했고, 새 언약에서는 십일조와 감사 예물의 돈을 다루어야 한다. 이 비유에서 예수님께서 제기하신 문제는 서기관들과 바리새인들이 백성들의 선생으로서 그들의 직무보다도 돈을 더 사랑한다는 것이다. 바리새인들이 예수님의 비유를 조롱한 것이 그들이 돈을 사랑했기 때문인 것이 분명하다.

여기에서 예수님은 계속해서 그 주제에 대해서 말씀하신다(눅 16:15-18). 불의한 청지기에 대한 우리의 해석은 우리가 이러한 점을 직시할 수 있게 한다. 15절에서 예수님께서는 그들의 높은 직무로부터 그들을 불러 내리셨다. 왜냐하면 이는 악하게 유지되어 온 것이기 때문이다. 16절에서 예수님은 새로운 나라가 임했고, '불의한 청지기 비유'의 교훈을 뒤따르는 것으로 사람들이 그리로 침입할 수 있다고 했다. 17절에서 예수님께서 그들에게 말씀하시기를 모세를 통하여 준 하나님의 율법이 영구할 것이라고 하셨는데, 이는 바리새인들의 구전(口傳)은 영원하지 않으리라는 의미를 내포하는 것이다.

끝으로 18절에서 예수님은 간음하는 자들에 대한 정죄로 화두를 돌리며 이야기의 끝을 내신다. 바리새인들은 성적인 범죄에 빠졌었고, 비록 그들이 속건제 돈을 모으기 위하여 어떤 율법들은 복잡하게 만들었을지라도, 그들은 자신들이 일부다처를 즐기기 위하여 성적인 율법은 느슨하게 했었다. 예수님께서 이 점을 지적하심으로 진짜 죄인은 세리나 죄인이 아니라 바리새인들과 서기관들인 것을 분명히 하였다. 이렇게 간음을 언급한 것은 문맥에서 벗어나 보이지만, 그러나 넓은 문맥에서 말라기나 예수님은 포로후기의 유대 지도자들의 모든 동일한 죄를 지적하고 있다. 특히 말라기 2:13-16을 보라.

나가면서

본문에 이어지는 누가복음 16:19-31에는 '부자와 나사로 이야기'가 있다. 부자의 자색 옷과 고운 베옷을 통하여 청중들은 부자가 대제사장들(종교 지도자들)을 암시하고 있음을 알았을 것이다. 그들은 기득권을 누리며 부유했다. 반면 나사로는 가난한 자들을 나타낸다. 그 주변에는 개(이방인)가 몰려들었다. 그러나 하나님나라를 소유한 것은 나사로였다.

한편, 불의한 청지기 비유는 잃은 동전 비유의 연장이다. 일반적으로 그 둘은 모두 다 돈을 다루고 있기 때문이다. 다른 연관이 있을 가능성도 있다. 은전 열 개는 남편의 유산인 여인의 결혼 지참금일 수 있다(눅 15:8). 이는 주인에 의해 청지기에게 맡겨진 돈과 같은 것이다. 여인은 그녀의 소유(혹은 아마 남편의 유산) 중에 하나를 잃었다. 그것처럼, 청지기(유대 지도자)도 자신들의 임무를 상실했다. 여자는(하나님에 대한 지식의) 등을 켜고, (무교병의 절기에 자신의 집으로부터 모든 "더러움", 즉 묵은 누룩을 치우듯이) 집을 쓸었다. (말씀의) 빛을 밝히고 삶을 깨끗하게 하는 것으로, 그녀는 잃은 동전을 찾았다. 그와 같이, 바리새인들은 예수님의 말씀의 등불을 켜고 자신의 삶을 깨끗하게 한다면, 자신의 청지기 직분의 잃은 동전을 찾게 될 것이고, 그들도 다가오는 하나님나라를 기업으로 얻게 될 것이다. 이 말씀을 통해서 오늘날 교회 지도자들은 어떠한가를 생각해 보아야 할 것이다.

9. 감람동산의 예수님

마태복음 26:36을 이렇게 보면 어떨까?

들어가면서

예수님은 나사렛의 목수로 사셨다. 3년의 공생애를 제외한 기간 동안, 그는 나무를 다듬으며 살았던 것이다. 그리고 공생애 3년 동안에도 새 이스라엘의 열 두 나무들을 다듬으며 사셨다. 생애 마지막 시간 대부분을 감람동산에서 지내셨다. 그리고 그 나무에 달려 돌아 가셨다. 왜 예수님은 '피 같은 땀'을 흘리며 감람나무 동산에서 보내셨는가(눅 22:44)? 성경적 상징주의에 의하면 나무는 사람들, 특히 하나님의 백성들을 의미한다. 오늘은 감람나무 숲에 계신 예수님을 만나보자.

1. 성경의 감람나무

성경에서 감람나무는 독특한 위치를 차지하고 있다. 감람나무가 성경에 처음으로 등장한 것은 아마 창세기 8:11일 것이다. "저녁때에 비둘기가 그에게로 돌아왔는데 그 입에 감람 새 잎사귀가 있는지라 이에 노아가 땅에 물이 감한 줄 알았으며." 그러나 감람나무가 이 땅에 처음으로 등장한 것은 셋째 날이다(창 1:11). 셋째 날에 열매 맺는 나무들과 씨(즉 곡식) 맺는 식물들이 창조되었다. 다른 식물들은 아담이 창조되기 전에는 아마 존재하지 않았던 것 같다(창 2:5). 비평가들은 창조의 순서가 서로 다르기 때문에 창세기의 초두에 모순되는 두 가지의 창조 기사가 있다고 주장했다. 그러나 이들은 접근 방법이 다른 동일한 창조에 대한 이야기이다. 즉 창세기 1장은 인간이 '창조의 절정'이라는 것을 보여준다. 그리고 창세기 2장은 인간이 '창조의 초점'이라는 것을 보여주는 것이다. 그래서 다른 방식으로 인간이 하나님의 창조의 중심이라는 것을 보여주는 것이다.

그러나 셋째 날에 열매 맺는 나무들과 씨(즉 곡식) 맺는 식물들이 창조되었다는 것은 중요한 의미를 지닌다. 적어도 이들은 인간이 경작할 '들의 초목'과 '밭의 채소'와는 구분되는 것이다(창 2:5). 감람나무는 포도주(열매)나 떡(곡식)과 함께 셋째 날에 창조된 반(半)성례전적 식물이다. 그래서 이스라엘은 항상 '포도원'이나 '밭'이나 '감람동산'으로 언급되었다(출 23:11, 신 6:11, 수 24:13 등). 그리고 이삭줍기의 법도 이 세 용어 속에서 표현이 된다(신 23:23-25). 또한 안식과 저주도 이 세 용어 속에서 표현이 된다(신 28:38-40).

그런데 성례에서 '떡'은 '제사장직과 말씀'(성자)과 관계가 있고, '포도주'는 '왕직과 통치'(성부)와 관계가 있고, '감람유'는 '기름부음과 임재'(성령)와 관계가 있다. 우리가 관심을 갖고 있는 것은 마지막 것이다.

바로 감람나무와 성령의 기름부음의 연관성을 이해하는 것이다. 제사장에게만 감람 기름부음이 있었던 것이 아니라, 성막과 성전 마당의 모든 장식물들에게 감람기름이 부어졌다(출 30:22-33). 상징적으로 성막은 감람나무 과수원이다. 이러한 기름부음은 하나님의 소유라는 특별한 구분에 대한 상징일 뿐 아니라, 성령의 충만함을 가리키는 것이다.

2. 감람나무 동산

성전은 감람나무 동산이다. 성전의 지성소는 감람나무에 의해 보호된다. 성전의 법궤에는 감람나무로 만들어진 큰 스랍들이 서있다. 그리고 지성소로 인도되는 문도 감람나무로 되어 있다. 지성소의 문설주와 성소 받침도 감람나무로 되어 있다(왕상 6:23-34). 그러므로 감람나무는 특별히 하나님의 거룩함과 지성소를 지키는 것과 관계가 된다. 이러한 맥락에서 시편 52:8를 주목하라. "오직 나는 하나님의 집에 있는 푸른 감람나무 같음이여 하나님의 인자하심을 영영히 의지하리로다." 하나님의 집, 성전은 감람나무 동산이다.

스가랴서 4장에 한 환상이 등장한다. 거기에서 선지자는 이스라엘의 증거의 등대 속에 기름을 공급하는 두 감람나무로 된 두 스랍들을 보게 된다. 이러한 이미지는 계시록 11:3-5에서도 만나게 된다. "내가 나의 두 증인에게 권세를 주리니 저희가 굵은 베옷을 입고 일천이백육십 일을 예언하리라. 이는 이 땅의 주 앞에 섰는 두 감람나무와 두 촛대니, 만일 누구든지 저희를 해하고자 한즉 저희 입에서 불이 나서 그 원수를 소멸할지니 누구든지 해하려 하면 반드시 이와 같이 죽임을 당하리라."

감람나무로 된 스랍들, 증인들은 이미 노아 언약 이전, 홍수 때에 그 흔적이 등장한다. 심판이 끝났음을 증거한 것이 감람나무 잎사귀였다. 사실, 홍수 이후 일어난 첫 사건에서 하나님 나라의 재창조를 명백하게 보여준 것이 감람나무였다. 감람나무는 홍수 이후에 자란 첫 번째 나무이다(창 8:11). 노아에게 이 감람나무 잎을 물어다 준 것이 성령을 상징하는 비둘기였다는 것을 주목하라.

3. 지성소인 감람산

감람나무는 성례전적 식물이다. 그래서 이스라엘의 상징으로 쓰였다. 특히 감람나무는 성령에 의해 창조된 하나님의 성전의 상징으로 쓰였다. 이러한 배경 속에서 우리는 예수님께서 생애 끝에 감람산으로 가시는 것을 볼 수 있다. 예수님은 지성소의 정원 형태 속으로 당신의 제사장으로서의 사역을 끝내기 위하여 움직이시는 것이다.

마태복음 21장에서 예수님은 감람산에서 성전으로 '승리의 입성'을 할 것을 말씀하셨다(마 21:1-3). 그리고 그 성전에 들어가셔서 심판을 수행하셨다(마 21:12-17). 이는 지성소의 당신의 보좌로부터 나답과 아비후를 심판하신 하나님의 맹렬한 심판을 보여 주는 것이다(레 10:1-2). 누가복음 21:37은 예수님께서 매일 밤을 감람산에서 보내셨다고 한다(cf. 요 8:1). 그리고 매일 낮에는 성전으로 가셨다. 그리고 밤이면 그 곳 감람산으로 돌아오셨다. 감람산은 이제 지성소가 된 것이다.

마태복음 23-24장에서 예수님께서 마지막 시간을 위해 성전에서 나오셔서 성전과 예루살렘 위에 부어질 심판을 알리기 위해 감람산으로 움직이셨습니다. 그리고 감람산에서 종말 강화를 가르치셨다. 이것 역시 지성소(감람산)가 성전(예루살렘)을 심판하는 것이다.

마태복음 26:30에서 유월절을 축하하시고 만찬을 제정하신 후에, 예수님과 당신의 제자들은 감람산으로 가신다. 그리고 예수님은 '감람유 짜는 틀'이란 의미의 '겟세마네'로 하나님께 기도하시기 위해 가셨다. 여기에서 우리는 지성소에 계시는 대제사장을 볼 수 있다. 여기 바로 이 지성소인 감람산에서 예수님은 잡히시었다.

4. 골고다

이것이 전부가 아니다. 성경을 주의 깊게 읽으면, 우리는 예수님께서 감람산에서 못 박히신 것을 알게 될 것이다. 마태복음 27:33은 예수님께서 '해골의 곳이라는 골고다'에서 못 박히셨다고 한다. 어떤 사람들이 예루살렘 주변의 언덕에서 그 해골 같이 생긴 곳을 찾았다 할지라도 그것은 분명 잘못된 것이다. '골고다'는 '가드의 골리앗'의 단축형이다(히브리어, 골리앗-가드). 사무엘상 17:54은 다윗이 예루살렘에서 골리앗의 머리를 취했다고 한다. 그러나 예루살렘은 거룩한 도시이기 때문에, 골리앗의 죽은 시체를 그 도시의 내부에 버리지 않았을 것이다. 그래서 성 밖의 어떤 장소에 버렸을 것이다. 감람산은 바로 그 도시의 앞에 있다(왕상 11:7, 왕하 23:13). 그리고 쉽게 접근할 수 있는 장소이다. 그리고 예루살렘에서 잘 보이는 장소이기도 했다.

예수님께서는 골리앗의 머리가 전시된 그 장소에서 못 박히셨을 것이다. 바로 거기에서 당신의 발뒤꿈치는 상하셨고, 사탄의 머리를 박살내셨다! 이곳은 바로 예루살렘의 밖이며 동시에 감람산이다. 그러나 더 확실한 증거가 있다.

예수님께서 못 박히셨을 때, 성전의 휘장이 위에서부터 아래로 반으로 찢어졌다. 이 사건이 보여주는 것은 이것을 본 사람들이 성전의 문이 있는 쪽인 예루살렘의 동쪽에 있었다는 것이다. 백부장이 이 사건을 증언한다(눅 23:44-47). 백부장은 성전 지역의 서쪽에 서서 있었을 것이다. 이 위치는 감람산인데, 이것이 십자가가 감람산에 있었을 것이라는 중요한 증거이다.

또 다른 증거는 요한복음 19:20인데, 이것을 문자적으로 읽으면 다음과 같다. "예수의 못 박히신 곳이 성(원문, '도시의 그 장소')에서 가까운 고로 많은 유대인이 이 패를 읽는다." 이 도시의 '그 장소'는 어디인가? 일상적으로 '그 장소'는 성전이다(요 11:48, 행 6:14, 21:28). 그러므로 이 진술은 예수님께서 성전 근처에서 못 박히신 것을 의미하는 것으로 보인다.

사실 성경은 예수님께서 살아 있는 나무에 못 박히셨다고 말한다. 이 경우에 그 나무는 아마 감람나무일 것이다(행 5:30, 10:39, 13:29, 갈 3:13, 벧전 2:24). 보 라이케의 증언에 의하면, 예수님이 지고가신 '스타우로스' 혹은 '기둥'은 십자가의 횡대이다. 감람산에는 많은 나무들이 있었는데, 기둥을 세우기 위해서 로마 군인들이 왜 땅을 파려고 했겠는가? 비록 우리가 예수님께서 감람산에서 죽으셨다고 단정할 수는 없어도, 그것이 시사하는 바가 많다. 정원 형태의 지성소에서, 예수님은 자신의 피를 아버지에게 보이신 것이다(cf. 레위기 16장).

5. 새로운 아담

예수님이 감람산에서 죽으셨다는 것은 무덤이 또한 감람산에 위치했다는 것을 의미한다(요 19:41). 예수님께서 십자가에 못 박히신 곳에 동산이 있었고, 그곳에 무덤이 있었다. 그래서 막달라 마리아는 예수님을 감람원의 동산지기인 줄 생각했다(요 20:15). 그녀가 옳았다. 왜냐하면 신랑되신 예수님은 새 동산의 새 아담이셨기 때문이다. 심지어 그 이상의 중요한 점은 마리아가 예수님의 무덤 안을 보았을 때에 예수님께서 누우셨던 자리에 두 천사를 보았다(요 20:12). 이는 지성소에서 하나님과 인간이 만나는 장소인 언약궤의 스랍에 대한 이미지이다.

자연스럽게 예수님은 또한 감람산에서 하늘의 성전으로 승천하셨다(행 1:12). 예수님의 감람산에서 못 박히심과 성전의 휘장이 찢어짐은 스가랴서 14:4 예언의 성취로 보여진다. "즉 그 날에 그의 발이 예루살렘 앞 곧 동편 감람산에 서실 것이요 감람산은 그 한가운데가 동서로 갈라져 매우 큰 골짜기가 되어서 산 절반은 북으로 절반은 남으로 옮기고." 예루살렘 앞에 있는 감람산은 성전과 지성소 앞에 있는 감람나무 문과 상징적으로 상응한다. 성전의 휘장은 찢어졌고, 그래서 하나님의 능력은 모든 세상으로 흘러들었다.

나가면서

결론적으로 다른 어떤 나무보다도 감람나무는 교회와 연관성을 가진다. 감람나무는 이스라엘을 상징하는 것이고, 성전의 상징하는 것이다. 이것은 이제 교회의 상징으로 사용된다. 바울은 교회에 대해서 이렇게 말한다(롬 11:16-17). "제사하는 처음 익은 곡식 가루가 거룩한즉 떡덩이도 그러하고 뿌리가 거룩한즉 가지도 그러하니라. 또한 가지 얼마가 꺾여졌는데 돌 감람나무인 네가 그들 중에 접붙임이 되어 참 감람나무 뿌리의 진액을 함께 받는 자 되었은즉." 돌 감람나무인 이방인들이 접붙임을 받아 참 감람나무 진액을 받은 자가 되었다는 것이다. 이것은 예수님께서 감람산의 지성소에서 성부 앞에 당신의 피를 흘리셨기 때문에 가능하게 된 것이다.

3. 그리스도의 교회

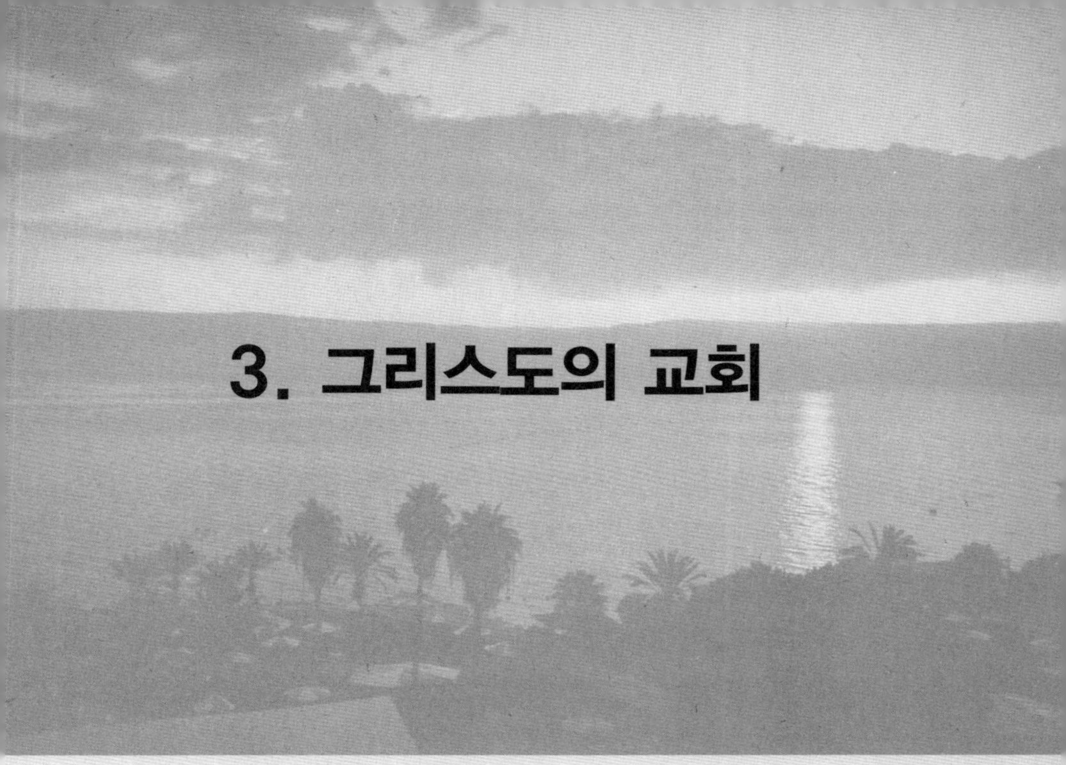

갈릴리의 아침

10. 해변에 있는 갈릴리(마태복음 4:12-18)

11. 교회를 세움(마태복음 16:13-19)

12. 요나의 표적(마태복음 12:39-41)

13. 반석되신 그리스도(고린도전서 10:1-6)

14. 하늘로 오르는 사다리(요한복음 14:6)

15. 땅 끝을 넘어서는 교회(사도행전 1:8)

10. 해변에 있는 갈릴리

마태복음 4:12-18을 이렇게 보면 어떨까?

들어가면서

본문은 갈릴리를 "스불론과 납달리 지경 해변에 있는 갈릴리"라고 부른다. 그러나 신약 시대에 갈릴리를 이렇게 부르지 않았다. 이는 이사야 9:1의 성취이다. 또한 이것은 복음이 이방 세계로 넘어 갈 때가 되었다는 것을 암시한다. 복음이 이제 이방과의 경계선에 머무는 것이다. 성경적 상징주의에 의하면 '땅'은 '하나님의 백성의 영역'이고, '바다'는 '이방인의 영역'이다. 그런 해변의 갈릴리가 예수님의 복음 사역의 중심지가 된 것은 복음이 '땅'에서 '바다'로, 즉 하나님의 백성들의 영역에서 이방인의 영역으로 옮겨져 가는 것을 뜻한다. 복음은 이제 땅에서 바다로 옮겨 가야 했다. 그래서 구약의 선지자들과 달리 신약의 예수님의 제자들은 대부분 바다의 일을 하는 사람들이었다. 이러한 땅과 바다의 구분은 계시록 21장에서 없어진다. 거기에서 '새 하늘'과 '새 땅'은 있는데, '새 바다'는 없다. 이방의 영역이 없는 것이다. 아울러 진주가

흔한 이유도 바다가 땅이 되므로 바다의 보물이 땅에 돌처럼 되었기 때문이다. '땅'에서 '바다'로의 구속사적 전환기에 '해변'의 갈릴리가 있었던 것이다. 구약 '이스라엘'과 신약 '교회' 사이에 '갈릴리 사람들', 즉 '갈릴리 교회'가 있었던 것이다. 초대 교회의 별명이 '갈릴리 사람들'이었던 것을 기억하라. 우리는 너무나도 급격한 구속사적 진전 속에 혜성처럼 나타났다 사라진 갈릴리의 중요성을 놓치지 말아야 할 것이다. 신약 계시의 특징 중 하나는 그 초점이 이 "해변에 있는 갈릴리"에 맞춰져 있다는 사실이다.

1. 멸시의 갈릴리

갈릴리는 지정학적 중심지인 예루살렘에서 거리가 먼 북쪽 변방지역이다. 게다가 페니키아나 시리아 등 주변 강대국들과 맞닿아 있었기 때문에 주변 정세에 민감하게 반응할 수밖에 없었다. 산업적으로 무역이나 어업 등에 종사한 자들이 많았기 때문에 정통 유대교에서는 그들과의 접촉을 다소 꺼려했었다.

출애굽 이후 여호수아를 통한 가나안 땅 분배 시에 갈릴리 지역은 상대적으로 별로 주목받지 못한 지파였던 아셀, 스불론, 납달리와 잇사갈 지파에게 주어졌다(수 19:10-48). 처음부터 갈릴리 지역은 이스라엘 역사의 주류에서 소외되었던 것이다. 그리고 여선지 드보라에 의하여 하솔왕 야빈의 군대 장관 시스라가 죽은 것(삿 4-5장)과 기드온에 의하여 미디안 사람들이 대패한 사건이 거기에서 일어났다(삿 7-8장). 그 덕분에

갈릴리 지역

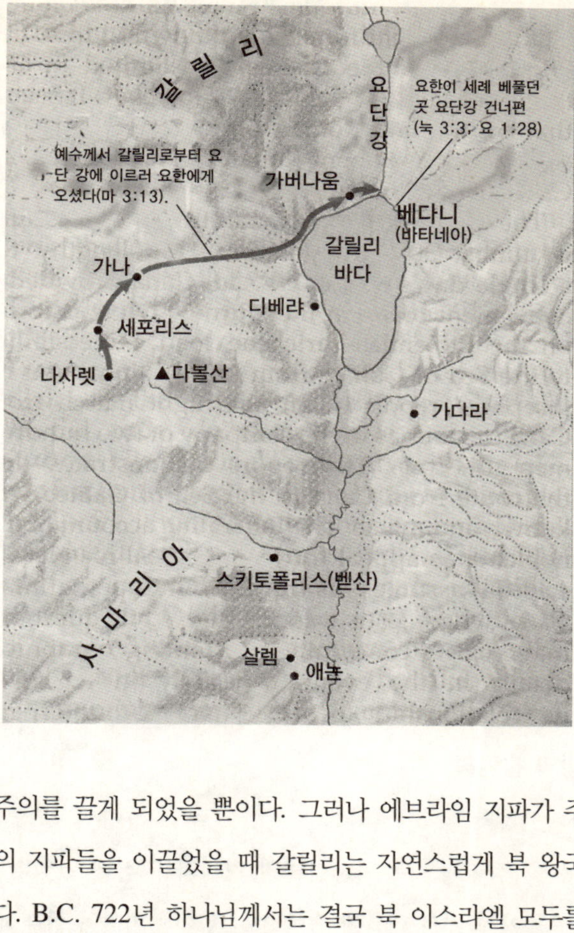

약간의 주의를 끌게 되었을 뿐이다. 그러나 에브라임 지파가 주동이 되어 북쪽의 지파들을 이끌었을 때 갈릴리는 자연스럽게 북 왕국의 일부가 되었다. B.C. 722년 하나님께서는 결국 북 이스라엘 모두를 포로로 내치셨고, 갈릴리 지역에 살던 자들도 역사의 소용돌이 속에서 그렇게 사라져가게 된 것이다. B.C. 586년 남 왕국 유다도 바벨론에 멸망을 당하며 포로로 잡혀 가게 된다.

포로생활 중에 신실한 자들은 영어로 '유대인(Jews)'이라고, 즉 유다 지파라고 불렸다. 이것이 의미하는 바는 그들이 원래 어느 지파에 소속되었었는지에 관계없이 남 왕국인, 유다 지파의 일부로 취급된다는 것이다. 포로 후에 돌아온 자들은 그들이 어느 지파 출신이든지 그들은 유대인이라고 불리게 된 것이다.

포로 후에 갈릴리에 정착한 유대인들은 다른 사람들과 차이가 없었다. 그러나 시간이 지남에 따라 북쪽의 유대인들은 '갈릴리 사람'이란 멸시를 받게 되었다. 이 '갈릴리 사람'이란 의미는 '시골뜨기'라는 말도 되고 이방인들과 너무 밀접하게 지내서 지나치게 '타협한 자들'이란 의미도 된다. 요한복음 7:41 "혹은 그리스도라 하며 어떤 이들은 그리스도가 어찌 갈릴리에서 나오겠느냐?" 그리고 요한복음 7:52 "저희가 대답하여 가로되 너도 갈릴리에서 왔느냐 상고하여 보라 갈릴리에서는 선지자가 나지 못하느니라 하였더라."는 말씀을 보면 갈릴리 사람들이 무시된 것을 알 수 있다.

2. 이방의 갈릴리

갈릴리는 지정학적으로 이방인들의 지역과 인접해 있었다. 게다가 역사의 소용돌이 속에서 내륙에 속한 유대지방에 비하여 상대적으로 주변 이방국가들의 정치적 동향에 민감하게 되었다. 그래서 종교적이기보다는 정치적인 경향을 띠게 되었고, 이러한 점은 유대지방 사람들에게는 오히려 세속화, 이방화되는 것으로 보였을 것이다. 그래서 더욱 멸시를 받게 되었을 것이다.

그래서 이 지방은 역사적으로 "이방의 갈릴리"라고 알려졌다. 그리고 그러한 불명예스러운 이름으로 계속 불리게 되었다. 그런데 주전 700년경의 이사야는 이렇게 선포한다. "전에 고통하던 자에게는 흑암이 없으리로다 옛적에는 여호와께서 스불론 땅과 납달리 땅으로 멸시를 당케 하셨더니 후에는 해변 길과 요단 저편 이방의 갈릴리를 영화롭게 하셨느니라"(사 9:1). 이 메시지는 미래는 점점 더 나아질 것이라는 희망을 나타내는 것이고, 미래는 과거의 불행한 시절과 구분될 것이라는 것이다.

이사야가 선포한 그 영광스러운 미래는 언제일까? 우리는 이 구절이 마태복음에서 인용된 것을 보게 된다. "스불론 땅과 납달리 땅과 요단강 저편 해변 길과 이방의 갈릴리여 흑암에 앉은 백성이 큰 빛을 보았고 사망의 땅과 그늘에 앉은 자들에게 빛이 비취었도다"(마 4:15-16). 이러한 인용은 이사야의 예언이 예수 그리스도에 의해 성취되었음을 보여준다.

혹자는 "예수께서 완성된 출애굽을 이루시기 위하여 나사렛을 떠나서 스불론과 납달리 지파의 땅이었던 멸시받던 지역인 갈릴리 해변에 거하셨다"고 말한다. 분명한 것은 예수 그리스도의 오심으로 인해서 드디어 갈릴리는 선지자의 예언대로 새로운 역사를 여는 장이 된 것이다.

3. 약속의 갈릴리

새 언약은 갈릴리에서 시작된다. 예수님의 사역의 본부가 갈릴리였다. 마태복음 2:22 "(예수님의 부친인 요셉이) 무서워하더니 꿈에 지시하심을 받아 갈릴리 지방으로 떠나가." 갈릴리에 정착하였다. 마태복음 3:13 "이 때에 예수께서 갈릴리로서 요단강에 이르러 요한에게 세례를 받으려 하신대." 예수님의 공생애가 갈릴리에서 세례를 받음으로 시작되었다. 사도행전 10:37 "곧 요한이 그 세례를 반포한 후에 갈릴리에서 시작되어 온 유대에 두루 전파된 그것을 너희도 알거니와." 고넬료의 집에서 행한 베드로의 설교에서도 복음이 갈릴리에서 시작되었다고 말하고 있다.

요한복음 2:11 "예수께서 이 처음 표적을 갈릴리 가나에서 행하여 그 영광을 나타내시매 제자들이 그를 믿으니라." 예수님의 처음 이적도 갈릴리에서 행해졌다. 요한복음 4:54 "이것(왕의 신하의 아들을 고치신 것)은 예수께서 유대에서 갈릴리로 오신 후 행하신 두 번째 표적이니라." 두 번째 이적도 갈릴리에서 행해졌다.

마태복음 4:23 "예수께서 온 갈릴리에 두루 다니사 저희 회당에서 가르치시며 천국 복음을 전파하시며 백성 중에 모든 병과 모든 약한 것을 고치시니." 그 결과 25절 "갈릴리와 데가볼리와 예루살렘과 유대와 요단강 건너편에서 허다한 무리가 좇으니라." 예수께서 다른 곳에서는 배척을 받았을 때에도 갈릴리 사람들은 영접했다. 요한복음 4:45 "갈릴리에 이르시매 갈릴리인들이 그를 영접하니 이는 자기들도 명절에 갔다가 예수께서 명절 중 예루살렘에서 하신 모든 일을 보았음이더라."

심지어 예루살렘에서 십자가를 지셨을 때에도 마지막까지 남은 사람들은 갈릴리에서 온 사람들이었다. 마태복음 27:55 "예수를 섬기며 갈릴리에서부터 좇아 온 많은 여자가 거기 있어 멀리서 바라보고 있으니."

부활하신 예수님이 제자들에게 나타나신 곳도 갈릴리이다. 마태복음 26:32 "그러나 내가 살아난 후에 너희보다 먼저 갈릴리로 가리라." 최후 명령을 주신 곳도 갈릴리이다(마 28:16).

특히 예수님은 분명하게 갈릴리에서 그의 제자들 모두를 부르셨다. 마태복음 10:2-4을 보면 열 두 사도의 이름이 나온다. "베드로라 하는 시몬을 비롯하여 그의 형제 안드레와 세베대의 아들 야고보와 그의 형제 요한, 빌립과 바돌로매, 도마와 세리 마태(레위), 알패오의 아들 야고보와 다대오, 가나안인 시몬과 및 가룟 유다 곧 예수를 판 자라." 그런데 마태복음 4:18 "갈릴리 해변에 다니시다가 두 형제 곧 베드로라 하는 시몬과 그 형제 안드레가 바다에 그물 던지는 것을 보시니 저희는 어부라." 요한복음 1:43 "이튿날 예수께서 갈릴리로 나가려 하시다가 빌립을 만나 이르시되 나를 좇으라 하시니." 요한복음 21:2 "시몬 베드로와 디두모라 하는 도마와 갈릴리 가나 사람 나다나엘(바돌로매)과 세베대의 아들들(야고보, 요한)과 또 다른 제자 둘이 함께 있더니." 우리는 가룟 유다 외에는 모두가 갈릴리 출신임을 확신할 수 있다. 사도행전 2:7 "다 놀라 기이히 여겨 이르되 보라 이 말하는 사람이 다 갈릴리 사람이 아니냐?" 가룟 유다라는 이름은 그가 유대 출신임을 가리키는 말이다. 만약 이것이 사실이라면, 유일한 배교자는 유대인이다.

나가면서

하나님께서는 열방 중에 히브리인들을 부르셨고, 히브리인들 중에 아브람을 부르셨고, 아브라함의 자손들 중에 이스라엘을 부르셨고, 이스라엘 중에 유다를 부르셨다. 이제 하나님께서는 유다 중에 갈릴리 사람들을 부르신 것으로 보인다. 그래서 최초의 그리스도인들은 "갈릴리 사람들"이라고 불리게 되었다. 마가복음 14:70 "너는 갈릴리 사람이니 참으로 그 당이니라(cf. 눅 22:59)." 당시에는 갈릴리 사람이면 예수당이라고 인식되기에 이른 것이다. 이것은 유대인들 사이에서만 아니라 천사들도 그렇게 말했다. 사도행전 1:11 "가로되 갈릴리 사람들아 어찌하여 서서 하늘을 쳐다보느냐 너희 가운데서 하늘로 올리우신 이 예수는 하늘로 가심을 본 그대로 오시리라 하였느니라." 사도행전 13:31 "갈릴리로부터 예루살렘에 함께 올라간 사람들에게 여러 날 보이셨으니 저희가 이제 백성 앞에 그의 증인이라." 이제 갈릴리 사람들은 부활하신 주님의 증인이 된 것이다.

그 후, 갈릴리는 한 교회로 남게 된다. 사도행전 9:31 "그리하여 온 유대와 갈릴리와 사마리아 교회가 평안하여 든든히 서 가고 주를 경외함과 성령의 위로로 진행하여 수가 더 많아지니라." 처음에는 유대 교회, 갈릴리 교회, 사마리아 교회가 생겼다. 그 후 안디옥 교회와 여러 이방 교회들이 생기게 되었다. 이방의 갈릴리가 하나님의 교회가 되자, 옛 교회였던 유대인들은 이제 바벨론이 되었다(계 11:8). 그러한 사실을 우리는 유일한 유대 사람인 가룟 유다의 타락에서 잘 알 수 있다. 해변의 갈릴리는 옛 언약 이스라엘에서 새 언약 교회로 구속사적 전환점에 존재했던 것이다.

11. 교회를 세움

마태복음 16:13-19를 이렇게 보면 어떨까?

들어가면서

마태복음 16:13이하는 역사적으로 신학논쟁에서 가장 자주 인용된 본문 중에 하나일 것이다. 특히 18절 "너는 베드로라 내가 이 반석 위에 내 교회를 세우리니"라는 말씀은 중세기에 걸쳐 교권에 대항하는 모든 도전들에 대하여 교황권을 지지하는 구절로 사용되곤 하였다. 반면 종교 개혁자들은 교황주의자들에게 대항하기 위하여 이 구절을 깊이 연구했다. 이런 다양한 용도 때문에 오늘날의 독자들이 이 본문의 의미를 파악하는 것이 어렵게 되었다. 대부분의 독자들은 어떤 권위 있는 해석을 지지하거나 반박하기 위하여 역사적으로 전제된 질문을 가지고 이 본문을 대하게 된다. 이 '반석 위에 내 교회를 세우겠다'는 것은 무슨 의미일까? 또한 그것이 갖는 구속사적인 의미는 무엇일까?

1. 논쟁의 핵심

핵심은 반석과 베드로를 동일하게 보느냐 아니냐 하는 것이다. 로마교는 베드로와 반석을동일한 것으로 보아왔었다. 그러나 종교개혁자들은 이 '반석'을 '베드로 자신'이 아닌 베드로의 '신앙고백'으로 보는데, 이는 희랍어인 페트로스와 페트라의 성(性)이 '페트로스'는 남성인데 '페트라'는 여성이란 점에서 착안한 것이다. 본문은 '페트로스'가 아닌 '페트라'(반석)로 되어 있다는 것이다. 그러나 이 페트로스라는 남성명사는 희랍어로 기록되기 이전에 아람어에서 유래된 것이므로 아람어 '케파'(kepa)에서 이 단어의 의미를 찾아야 한다. '케파'를 희랍어로 번역할 때는 '반석'의 의미를 가진 '페트라'가 적절하지만, 여성명사이기 때문에 베드로에게 적용할 때는 '페트로스'라고 했을 것이다. 그러므로 원래 아람어로 원형이 어떻게 되어 있었는지 알기는 어렵다. 결국 성(性)이 다른 것은 문제가 되지 않게 된다.

또한 어떤 이들은 반석과 베드로를 동일한 것으로 볼 때 소위 '베드로 수위권'을 증명한다는 로마교의 교권적인 해석을 우려한다. 그러나 설령 베드로 자신을 그 위에 교회가 세워질 '반석'으로 볼지라도, 그것과 로마교황의 권위와는 별개의 문제이다. 베드로를 로마교황으로 증명해야 하며, 이후의 로마교황들이 베드로와 같은 권위를 가진 자로 증명해야 하기 때문이다. 결국 반석과 베드로를 다른 것으로 보는 것은 언어학적인 오해와 로마교의 교권적인 해석에 대한 우려 때문인 것이다. 오히려 우리는 반석과 베드로를 긴밀한 연관성이 있는 것으로 보아야 할 것이다.

그러면 반석과 베드로를 긴밀한 연관성이 있는 것으로 볼 때, 강조되는 의미는 무엇인가? 바울은 유일한 교회의 터는 예수 그리스도임을 강변한다(고전 3:11). 그러나 바울은 에베소 교회를 "사도들과 선지자의 터 위에 세우심을 입은 자"라고 하는데(엡 2:20), 이 말은 서로 모순되는 것이 아니다. 왜냐하면 사도들의 직무는 기독론적인 차원을 가지고 있기 때문이다. 다시 말해서 사도는 보냄을 받은 자로서 예수님 보다는 낮은 직위에 있지만 그 직무는 동일한 것이다(요 13:20). 사도들은 초기 기독교회의 형성에서 교회의 창설 직원으로서 독특한 권한을 행사했었다. 그 중 베드로는 사도들의 대표격의 인물로 초대 교회의 지도적 인물임이 틀림없다. 그런 의미에서 "예수님을 그리스도로 고백한 베드로가 반석"이라는 것은 교회 설립에 있어서 그의 직분을 말하는 것이다. 이것은 그의 인간적인 본성과는 별개의 것이다. 인간적인 측면에서 그는 불완전한 존재였다. 그는 본문의 사건 뒤에 곧 이어서 '사단'이란 책망을 받기도 했다(마 16:23). 그러나 이러한 연약함에도 불구하고 '믿음의 고백을 한 베드로'는 초대 교회의 지도적 인물로, 즉 반석으로서의 자신의 몫을 감당할 수 있었던 것이다.

2. 교회를 세우심

이러한 신학적 해석이 본문에서 우리가 얻을 수 있는 전부일까? 조심스럽게 본문을 읽어보면 예수님께서는 매우 인상적인 상징(metaphor)들을 섞어서 사용하셨다는 것을 알게 된다. 예수님은 '세우는 것'에 대해 말씀하셨다. 위대한 솔로몬으로서 예수님은 새롭고 보다 영광스러운 성전을 세우셨다. 그런데 아직, 예수님은 당신의 '성전'이라고 말씀하시지는 않고 '교회'를 세울 것이라고 하셨다. '에클레시아'라는 단어(히브리어 '카할'의 번역)는 구약을 헬라어로 번역한 칠십인역(LXX)을 보면 언제나 하나님께 예배하기 위한 하나님의 거룩한 '회중'을 가리키는 말로 사용된다. 그것은 결코 '건물'을 가리키지 않았다. 사실 구약성경은 결코 '회중'들이 모인 '건물'에 대한 개념이 전혀 없다. 대신에 '에클레시아'(히브리어 '카할')는 "함께 하다" "모이다" "부르다" 등과 같은 동사들과 연결하여 쓰이고 있다.

구약에서 '세우다'는 것과 함께 '회중'이란 말을 사용한 것이 두 구절이 있는데, 열왕기상 8:13-14에서는 솔로몬이 성전을 '세운 것'에 대해서 말하고 '회중'들을 축복한다. 그리고 역대상 28:2-3에서는 다윗이 주의 전을 '세우려고' 하는 '회중'들에 대해서 말한다. 그러나 이 구절들에서도 '세우는 것'의 대상으로서 '회중'을 사용하지는 않는다.

그런데 왜 예수님께서는 '교회'(회중)를 '건물'처럼 '세운다'라고 말씀하셨는가? 예수님께서 구약과 다른 의미로, 즉 에클레시아를 성전 건물을 가리키는 것으로 사용하셨다고 결론을 내려야 하는가? 그러나 이는 믿기 어려운 일이고, 신약의 기자들이 '성전'의 동의어로 '에클레시아'를 사용한 사실이 없다는 사실로 보아서도 불가능한 것이다. 틀림없이 예수님께서 이런 의미로 에클레시아를 사용하셨다면, 그의 제자들도 그것을 따랐을 것이다. 그러나 우리가 아는 바와 같이, 신약기자들도 칠십인역처럼, 그런 건물의 의미로 에클레시아를 사용한 적이 없다. 그런데 우리는 어떻게 예수님께서 '성전'과 '회중' 이미지 둘 다를 이 진술에서 사용했다고 결론을 내릴 수 있는가? 결국 우리는 상징을 섞은 경우라고 봐야 할 것이다. 예수님은 '건물을 세울 것'처럼 약속을 하셨으나 사실은 '성전 건물'을 지으신 것이 아니라 '회중'을 세우신 것이다.

3. 중복된 상징들

건물에 대한 상징은 이 본문에서 매우 중요한 의미를 전달한다. 베드로는 단지 예수님을 하나님의 전을 지은 다윗의 기름부음 받은 자손인 그리스도라고 고백했을 뿐이다(시 2편, 삼하 7:14). 예수님은 당신이 사실 약속된 메시야라고 베드로에게 확신을 심어 주는 것으로 대답하셨다. 그리고 그 성전을 예수님께서 세우실 것이라고 하는 것이다.

재미있는 것은 '에클레시아'에 대한 사용이다. 예수님께서는 이 혼합된 상징을 사용하시는 것으로 '성전'과 '회중' 사이의 어떤 관련성을 신중하게 주목하시는 것 같아 보인다. 일반적으로 '회중'은 하나님의 백성들이 예배를 드리기 위하여 모인 것이고, '성전'은 하나님께서 거하시는 장소이다. 아마 예수님께서는 예배하기 위해 모인 하나님의 회중이 사실은 하나님의 참된 성전이라고 의미를 부여하시려는 것 같아 보인다. 두 개의 구약 모형이 함께 묘사되는 것에 의해서 하나님께서는 손으로 지으신 성전에 거하시지 않고, 당신의 모인 백성들 가운데 계신다는 사실을 전하시는 것이다. 예수께서 의미하신 바, 하나님의 거하심은 더 이상 벽돌로 지은 성전에 위치하지 않고, 하나님의 백성들 가운데, 즉 예배하는 회중가운데 거하신다는 것이다(cf. 요 4:23).

이미 복잡해진 이미지는 예수님께서 전투적인 상징을 덧붙이셨다는 사실에 의해서 보다 더 복잡하게 된다. 예수님께서 '세우겠다'고 약속하신 '회중'은 또한 '음부의 문'과 충돌한다. 한글 개역성경에는 "음부의 권세"로 번역되어 있는 희랍어는 '음부의 문'이 정확한 번역이다. 그래서 NIV, NRSV, KJV 등 대부분 영어성경은 'the gates of Hades' 즉 '음부의 문'으로 번역한다.

'에클레시아'(카할)가 구약에서 군사적인 모임과 연관하여 쓰인 것을 생각하면, 교회와 '음부의 문'의 충돌이라는 것은 전혀 낯선 이미지가 아니다. 그런데 왜 '건물'과 '회중'의 이미지를 연결했을까? 이것은 아마 '회중'은 전쟁을 하기 위하여 모여진 것이지만, '건물'은 전쟁을 수행할 수 없기 때문일 것이다. 즉 전투적인 이미지를 사용하므로 예수님께서 의미하신 바가 단순히 성전(聖殿)을 세우겠다는 것이 아니라 요새(要塞)를 세우시겠다는 것이란 가능성을 보여준다. 이미지의 중복을 사용하는 것은 실체의 중복을 가리키는 것이다. 그러므로 하나님의 '성전'은 하나님께 예배하는 '회중'이고, 또한 하나님의 '군대'이다(cf. 대하 20장). 상징을 섞는 것으로, 예수님은 하나님의 백성들의 사역의 다양한 측면을 간편하게 요약하실 수 있으셨던 것이다.

4. 음부의 문

이제 생각할 또 다른 질문 하나가 있다. 왜 예수님께서는 '음부의 문'이 '교회'를 이기지 못할 것이라고 말하셨는가? 예수님께서 당신의 '회중/성전/군대'가 '음부의 문'과 충돌하는 존재로 말씀하신 것은 모호하다. 여기에 대해서 흔히 두 가지 해석이 제시된다. 첫째 해석은 예수님께서 사단의 군대의 맹공격에 견딜 수 있는 요새/성전으로서 교회를 묘사하신 것이란 것이다. 이 해석은 논쟁의 여지가 있다. 왜냐하면 음부는 그저 앞에 '문'이 있다고만 말하고 있기 때문이다. 음부가 적극적인 공세를 펴는 것이 아니다. 둘째 해석은 '음부의 문'이 대항하여 싸우는 군대로 당신의 교회를 묘사한 것이란 것이다. 이 해석도 논쟁의 여지가 있는데, 예수님께서 '반석' 위에 '세우실' 교회/성전이 먼저 적극적으로 공격하는 것으로 요구되기 때문이다. 이것은 흔들리지 않고 견고할 것이란 교회에 대한 묘사와는 대조적으로 보인다. 비록 교회가 여기에서 군대로 묘사되지만, 교회는 앞서나가는 군대로 묘사되지 않고, 오히려 모여진 군대로만 묘사되고 있는 것이다.

이 두 가지 해석은 모두 잘못된 것으로 보인다. 왜냐하면 '문'에 대한 구약의 이미지를 무시했기 때문이다. 구약에서 '(성)문'은 '심판의 장소'이다. 그러므로 예수님의 말씀은 지옥의 심판이 교회를 대하여 유효하지 못할 것이라는 말씀이다. 교회의 사단과의 전투는 법정적인 전쟁이고, 법정에서의 싸움이다. 무엇보다도 사단은 그 이름대로 '고소자'이다. 이는 구약에서 성문에 대한 이미지와 사단에 대한 이미지일 뿐 아니라(cf. 욥 1-2장, 슥 3:1-5), 오늘 본문인 마태복음 16:18의 교훈이기도 하다. 바로 다음 구절에서 예수님께서 사도들에게 '천국의 열쇠'를 주신 것을 볼 수 있다. 19절의 "매고 푼다"는 것은 말씀의 해석을 좁게 하느냐 넓게 하느냐에 대한 관용적인 표현이다. 1세기 유대주의 해석에 대하여 '샴마이는 매고 힐렐은 푼다'라고 하였다. 그러므로 이 천국의 열쇠는 교회가 신구약 성경 말씀을 해석하고 적용하고 가르치는 권세이다. 이 열쇠는 '음부의 문'의 법적인 전쟁에 대항하는 사도들의 무기이다. 말씀을 해석하고 적용하고 가르치는 것은 오늘날 우리의 무기이기도 하다. 그래서 오늘날 교회는 말씀으로 사단을 이기게 되는 것이다.

나가면서

그리스도께서 교회를 세우심은 에클레시아, 즉 회중을 세우시는 것이다. 회중은 건물이 아니다. 그럼에도 불구하고 '세운다'는 표현을 사용한 것은 옛 언약의 '성전'이 새 언약의 '교회/회중'으로 변혁되는 구속사적인 진전이 있음을 보여준다. 이 '교회'는 '음부의 문'에 충돌하게 된다. '교회'는 흔들리지 않는 반석 같은 존재이고, '음부의 문'도 움직이지 않는 정적인 존재이다. 그럼에도 이 둘이 전쟁을 치루는 것은 물리적인 전쟁이 아님을 알게 된다. 구약에서 성문이 재판의 장소임을 생각할 때, 우리는 이 싸움이 법정적인 전쟁임을 알 수 있다. 이제 교회의 무기는 '천국의 열쇠'를 사용하는 것이다. 즉 말씀을 해석하고 적용하고 가르치는 일이다.

사도행전 15장의 초대교회는 613개의 율법의 조항들을 4개(우상의 제물, 피, 음행, 목매어 죽인 것) 외에는 모두 풀어 주었다. 바울은 우상의 제물과 피와 목매어 죽인 것조차도 풀어 주었다(고전 10:23-33, 골 2:16, 딤전 4:4). 물론 개인적인 기호에 따른 일이지만, 그래서 우리는 원리적으로 순대(피)를 먹을 수 있게 되었다. 칼빈도 제네바에서 형제에게 변리를 위하여 돈을 빌려주지 않는 구약의 율법을 풀어 오늘날 은행제도를 만들었다. 그래서 국제은행은 스위스에 있는 것이다. 사도들의 터 위에 세워진 교회는 하나님의 말씀을 해석하고 적용하고 가르치는 일을 통하여 '음부의 문' 앞에서 모든 사람들을 풀어주게 되는 것이다.

12. 요나의 표적

마태복음 12:39-41을 이렇게 보면 어떨까?

들어가면서

큰 물고기 뱃속에서 살아남은 요나 사건은 누구에게나 흥미로운 이야기임에 틀림없다. 뿐만 아니라 이 요나의 놀라운 이야기는 역사적인 사실이다. 예수님은 요나 이야기를 사실적인 내러티브로 사용하신다. 유대인들은 표적을 구했다(마 12:39, cf. 고전 1:22). 그리고 그것을 메시야 되심의 증거로 믿었다(요 2:18, 6:30). 예수님은 주저 없이 요나 이야기를 표적이라고 하셨다.

"요나가 밤낮 사흘을 큰 물고기 뱃속에 있었던 것같이 인자도 밤낮 사흘을 땅 속에 있으리라"고 하신 것이다(마 12:40, 눅 11:30). 요나 사건은 어떤 표적인가? 그것의 구속사적인 의미는 무엇인가? 우리는 요나 사건이 역사적 사실일 뿐 아니라, 구속사적인 중요한 의미를 가진 표적임을 보게 될 것이다.

1. 요나의 표적

요나 사건은 표적이다. 성경에서 '표적'(히브리어 '오트', 헬라어 '세메이온')이라는 말이 종종 '이적'과 동의어로 씌어진 경우가 많으나, '이적'은 초자연적인 능력에 의해 생겨난 놀라운 사건을 주로 가리키고, '표적'(기사)은 권위의 증명이라는 측면에서 사용된다. 그래서 어떤 사건은 이적이기는 하지만 표적은 아닌 것이다. 그러나 대부분 '이적과 표적과 기사'라는 표현으로 나타난다(마 24:24, 행 14:3, 롬 15:18, 히 2:4 등). 그것은 성경에 기록된 초자연적인 사건을 통하여 하나님의 계시를 전달하고 있기 때문일 것이다. 특히 이스라엘 백성이 애굽에서 구출된 사건은 종종 '표적과 감계', '이적과 기사', '징조와 기사'라는 말로 표현되어 있다(신 28:46, 신 4:34, 렘 32:20 등).

요나 사건은 단순한 놀라움의 대상이 아니라 하나님의 계시의 측면을 지니고 있는 것이다. 요나 이야기는 어떤 계시사적 의미가 있었을까? 먼저, 요나 시대의 사람들에게 요나의 체험은 그 자체가 메시지였다. 즉 선지자적 표적이었다. 우리는 니느웨 사람들의 집단적인 회개가 요나의 웅변술 때문이 아니라 요나의 기적적인 삶 때문이었음을 추측할 수 있다. 궁극적으로 하나님의 역사이지만, 요나의 체험 자체가 표적이 되었을 것이란 생각을 강하게 뒷받침하는 것은 누가의 기록이다. 즉 누가는 "요나가 니느웨 사람들에게 표적이 됨과 같이"(눅 11:30a)라고 기록하고 있는 것이다.

다음으로, 우리는 요나 사건과 포로기의 이스라엘의 정황들을 다음과 같이 비교할 수 있을 것이다. 요나처럼, 이스라엘 사람들은 하나님께 반역하고 하나님의 말씀에 불순종하였다. 요나처럼, 그들은 기꺼이 바다에, 즉 이방인의 영역에 자신들을 내던지려고 하였다. 바다가 이방인의 영역을 의미한다는 것은 성경적 상징주의를 생각할 때 쉽게 이해할 수 있을 것이다. '땅'이 유대인의 영역인 것에 대조적으로 '바다'는 이방인들의 영역이었다(cf. 삼하 22:4-25, 시 65:7, 사 5:30, 17:12-13, 57:20, 렘 6:23, 겔 27:25ff., 단 7:2-3). 요나처럼, 하나님께서는 그들이 이방의 세계, 즉 바다에 있는 동안에 피난처로 삼을 큰 물고기를 준비하셨다. 요나처럼, 그들은 결국 유대인들의 영역인 땅으로 다시 토해졌다.

이러한 비유 혹은 모형론적 해석에서, 커다란 물고기는 앗수르인 셈이다. 하나님께서 앗수르를 회개 시키려고 요나를 앗수르로 보내셨다. 앗수르는 이스라엘이 잡혀간 동안에 이스라엘의 보호하고 보존하는 장소가 되었다. 실제로 그들은 바벨론과 페르시아에 사로잡혀 갔다가 앗수르 땅을 거쳐서 이스라엘로 돌아오게 된다. 요나서 4장에서와 유사하게, 회개한 앗수르는 하나님의 진노의 태양으로부터 이스라엘의 그늘이 되는 갑자기 열린 커다란 박 넝쿨의 역할을 하게 되는 것이다. 나훔서에 기록된 것처럼, 비록 후에 앗수르가 배교할지라도, 앗수르에는 여전히 이스라엘의 포로 회복을 위한 남은 자들이 있었다.

이러한 비유 가운데 나타난 요나 표적의 역사적인 측면은 그 당대 사람들에게는 명백한 것이었다. 예수님은 이어서 솔로몬과 남방 여왕을 언급하고(마 12:42), 다시 한 가지 비유를 말씀하신다(마 12:43-45). 더러운 귀신이 사람에게서 나갔다가 다시 돌아와 보니 소제되고 수리되어 있어서 더 악한 귀신 일곱을 데리고 들어가서 살게 되어, 그 사람의 형편이 전보다 더 심하게 되었다는 것이다. 이것은 표적을 구한 서기관과 바리새인들을 향한 말씀이다. 예수님은 그들을 "악하고 음란한 세대"라고 전제한 후에 요나와 솔로몬과 귀신들린 사람에 대한 비유를 말씀하신 것이다. 그러므로 이 더 악한 귀신이 들려 형편이 심하게 된 사람은 바로 당대의 사람들이었다. 그러므로 예수님은 "이 악한 세대가 또한 이렇게 되리라"고 하신 것이다.

이 비유를 이렇게 풀 수 있을 것이다. 더러운 귀신이 들려 있었던 것은 이스라엘의 오랜 문제였던 우상숭배를 두고 말한 것일 것이다. 그 집이 비고 소제되고 수리된 것은 포로 귀환 이후에 바리새파를 중심으로 이스라엘의 종교적 개혁이 일어난 것을 의미하는 것으로 보인다. 그런데 더 악한 귀신이 들린 것은 그들이 율법주의에 사로잡힌 것을 지적하는 것이다. 결국 이러한 일련의 설명들은 역사적인 배경을 염두에 둔 것임에 틀림없다.

2. 인자의 표적

요나의 표적은 다시 인자의 표적이 되어진다. 큰 물고기 속에서 3일 동안의 요나의 체험과 예수님께서 무덤 속에 3일간 들어가는 것은 깊은 유사성을 지닌다. 예수님은 요나가 3일 동안 물고기 뱃속에 있었던 것같이 자신도 3일 동안 땅속에 있을 것이라고 하셨다. 예수님의 이러한 비교는 다음과 같은 중요한 유추가 가능하게 한다. 요나가 3일 만에 물고기 뱃속에서 살아나온 것처럼, 예수님도 3일 만에 다시 살아나실 것이다. 요나의 죽음과 부활로 대표되는 이스라엘이 이방으로 사로 잡혀가는 것은 일종의 '죽음'이고, 땅으로 돌아오는 것은 '부활'이다. 분명한 것은 요나 자신이 기도 가운데 자신의 처지에 대한 죽음과 부활의 연관성을 만들었다는 사실이다. 그는 말하길 자신이 스올의 뱃속에 있고 하나님의 면전에서 쫓겨났다고 했다(욘 2:2). 그러나 하나님께서는 파멸로부터 그의 생명을 건지셨다.

그러므로 예수님께서 무덤 속에서 3일 간 계신 것은 요나가 큰 물고기 속에서 있었던 시간과 비교된다. 그런즉 예수님의 부활하심과 앗수르같이 새로운 교회를 창조하신 것은 옛 언약 백성들에게 쏟아지는 하나님의 진노에서 피할 수 있게 한다.

이스라엘이 아닌 앗수르를 교회로 설명한 것은 다소 당황스러운 해석일 수 있다. 그러나 요나서 4장에서, 앗수르는 이스라엘을 위해 그늘을 제공해줄, 갑자기 성장한 식물로서 묘사되어진다. 요나는 하나님께서 니느웨 백성들을 회개시켜 그들을 강력한 국가로 세우기를 원하시는 것을 두려워하면서 그들에게 복음을 선포하기를 주저하였다. 요나는 이스라엘은 심판을 받을 만하며, 하나님께서 다른 민족들이 복음을 받아들이도록 할 우려가 있었다는 것과, 그로 인해서 이스라엘을 심판하실 무기로서 그 민족을 일으키신다는 것을 알았다(신 32:21). 분명하게 니느웨의 사람들은 요나가 전파하는 것을 듣고 회개하였고, 요나는 그 사실을 받아들이기 어려웠다. 이스라엘의 타락에도 불구하고, 요나는 고집스럽게 이스라엘을 사랑했던 것이다(롬 9-11장의 바울과 비교하라). 요나는 그 도시밖에 나가서 하나님께서 행하시는 것을 기다려 보았다(욘 4:6-8). 그 때 등장한 박넝쿨은 앗수르를 나타내었다. 그것의 갑작스런 성장은 앗수르의 회개를 나타내었다. 그러한 회개한 국가는 아브라함의 언약으로서(창 12:3), 이스라엘을 복되게 할 것이며, 따라서 요나(=이스라엘)를 위한 그늘을 줄 것이다. 그러나 곧 뱀은 앗수르의 뿌리를 공격할 것이며, 그 국가는 배반할 것이며, 요나가 두려워하였던 대로, 그 국가는 이스라엘에게 위협이 될 것이다. 이스라엘은 하나님의 분노의 혹독한 뜨거움을 경험할 것이다.

요나의 표적은 수평적(horizontal)으로 이스라엘의 죽음(포로)과 부활(귀환)을 상징적으로 보여주며, 앗수르의 회개와 같은 새로운 이방 교회의 성립을 보여주는 계시사적인 측면을 지닌다. 이것은 동시에 수직적(vertical)으로 예수님의 십자가와 부활을 비유적으로 보여주는 계시사적인 사건이다. 적어도 예수님은 그렇게 해석하셨다. 그래서 '요나의 표적'이 '인자의 표적'이 될 수 있었던 것이다.

3. 지성소

이러한 비유의 연속성 속에서 우리는 예수님의 무덤이 단지 요나의 물고기 뱃속만이 아니라 지성소이기도 하다는 것을 주목할 필요가 있다. 요한복음을 성막적인 구조를 지닌 것으로 보기도 하는데, 이러한 견해에 의하면, 1장은 '번제단'이다. 그래서 "세상 죄를 지고 가는 하나님의 어린 양"을 말한다(요 1:29). 3장은 '물두멍'인데, 예수님의 물로 씻음,

즉 세례가 등장한다(요 3:26). 그리고 4-6장은 '진설병'이다. 예수님은 "나는 하늘로서 내려온 산 떡이니"라고 하셨다(요 6:51). 8-9장은 '금 촛대'다. 그래서 예수께서는 "나는 세상의 빛이니"라고 하신 것이다(요 8:12). 그리고 14-16장은 성도들의 기도를 상징하는 '향단'인데, 예수님은 "내 이름으로 무엇이든지 내게 구하면"이라고 말씀하신다(요 14:14). 그리고 17장은 '휘장'이다. 그래서 휘장 되신 예수님의 중보기도가 등장한다. 그리고 18-19장은 '속죄소'이다. 십자가에서 속죄소에 뿌릴 피를 흘리시는 예수님을 만나게 된다.

이러한 성막/성전의 안목에서 요한복음을 읽을 때, 예수님의 무덤에 대한 요한의 기록들은 특별히 흥미롭다. 요한은 예수님께서 동산 안의 새 무덤에 안치되셨다고 한다(요 19:41). 그리고 마리아가 들여다보았을 때 흰 옷을 입은 두 천사가 예수님의 누우셨던 곳에 하나는 머리 쪽에 다른 하나는 발치에 앉아 있었다(요 20:12). 이 장면에서 1세기 당시의 유대인 독자라면, 언약궤의 금 덮개의 양 끝에 두 스랍들이 앉아 있었다는 것을 놓칠 사람은 아무도 없었을 것이다. 그러므로 무덤은 지성소이다.

레위기 16장의 속죄일 제사에 따르면, 예수님의 죽음은 그의 구속의 사역이 끝났다는 것을 의미한다. 예수님의 세마포가 남겨진 것도 역시 같은 사실을 의미한다. 왜냐하면 그는 영광과 아름다움의 옷을 입으셨기 때문이다. 예수님은 세상에 오셨을 때 그의 영광을 뒤로 남겨 두셨다. 그리고 그의 옷이 벗겨졌을 때 영광이 나타났다(cf. 요 12:16).

4. 무덤인 교회

그렇다면, 언제 그리고 어떻게 우리는 예수님의 무덤에 들어가게 되는가? 우리는 개인적인 믿음에 의해서 그렇게 되어진다. 그러나 공동체로서 교회는 성례를 통해서 예수님의 무덤에 들어가게 되는 것이다. 성찬은 예수님께서 죽으시기 전에 죽음의 표로 세우셨다. 예수께서는 당신의 살과 피를 기념하도록 성찬을 제정하셨다. 교회는 이러한 성찬을 통하여 예수님의 십자가와 부활에 참여하게 되는 것이다.

진정한 의미에서 성찬은 우리를 예수님의 무덤으로 이끌고, 그것은 또한 우리를 지성소로 이끈다. 성찬식에서 성찬상의 모습을 잘 생각해 보라. 거기에는 떡과 포도즙이 놓여 있다. 이것은 바로 예수님의 살과 피, 즉 죽으신 몸을 올려놓은 것이다. 그 위에 하얀 천으로 덮어 놓는다. 이 십자가가 그려진 천은 다른 곳에서 쓰이는데, 언제 어디서인가? 장례식장이다. 결국 성찬은 우리를 예수님의 무덤으로 이끄는 것이다.

무덤으로서 교회의 개념은 교회의 오랜 전통이었다. 몇몇 교회들은 아직도 그들의 성찬 테이블을 관(棺)의 모습을 하고 있다. 이러한 디자인과 상징은 근본적으로 교회를 무덤으로 이해한 오랜 전통의 반영이다. 아마도 교회의 마당을 무덤으로 사용한 것도 동일한 사고를 가진 전통에 대한 반영일 것이다. 신자들이 교회에 들어 올 때, 그들은 예수님의 무덤에 들어오는 것이다. 우리가 세례를 통해 일평생 단 한 번의 죽음과 부활을 경험한다면, 성찬을 통하여 매주 그리스도의 죽음과 부활에 참여하게 되는 것이다.

나가면서

요나의 표적은 이스라엘의 포로와 귀환의 예표적인 의미를 지닌다. 이것은 또한 예수님의 죽음과 부활의 예표이기도하다. 그러므로 요나와 이스라엘과 예수님은 동일선상에서 이해할 수 있고, 물고기와 앗수르와 무덤을 동일선상에서 이해할 수 있다. 또한 예수님의 무덤은 두 천사들의 존재(요 20:12)와 세마포 옷이 개켜져 있는 것(요 20:5)으로 구약의 지성소의 이미지이며(출 37:7, 39:29) 이는 신약교회와 연결되어진다. 물고기와 앗수르는 교회의 이미지인 셈이다. 우연찮게도 초대교회는 물고기 형상을 교회의 상징으로 사용하기도 하였다.

특히, 요나의 표적을 예수님은 당신의 죽음과 부활 사건으로 연결하신다. 이것은 예수님께서 선택하신 유일한 표적인 것이다. 요나처럼, 예수님께서 무덤에서 3일간 머물러 계셨다가 다시 살아나실 것이다. 요나처럼, 큰 물고기는 피난과 보호의 장소이면서 또한 죽음의 장소이다. 예수님의 무덤은 큰 물고기의 뱃속과 동등하다. 그러므로 그것은 죽음의 장소만 아니라 피난과 보호의 장소이기도 하다. 더 나아가 우리는 예수님 자신이 무덤이고 우리가 들어가야 할 지성소인 것을 본다. 예수님은 이제 우리의 무덤이고, 우리를 보호하는 큰 물고기이다. 성찬은 우리를 예수님의 무덤으로 이끈다. 성찬을 통해 교회는 무덤이 되어진다. 이렇듯 무덤인 교회에 들어오면서 우리는 옛 사람이 죽고 새 사람을 살게 되는 경험을 해야 할 것이다. 교회에 들어가서, 우리의 옛 사람은 죽음을 경험해야 한다. 좌우에 날선 말씀의 검에 찔려 피 흘림의 경험을 해야 한다. 그리고 교회에서 나올 때 우리는 새로운 생명을 얻어야 한다. 교회가 비록 세상으로부터 우리를 보호하는 것일지라도, 우리는 거기에 머물러서는 안 된다. 요나처럼 우리도 예수님과 함께 하나님의 나라를 세우기 위해 밖으로 뛰쳐나와야 하는 것이다.

13. 반석되신 그리스도

고린도전서 10:1-6를 이렇게 보면 어떨까? -

들어가면서

고린도전서 8-10장은 '우상 제물'에 관한 교훈이 기록되어 있다. 8장에서, 우상 제물은 아무 것도 아니지만, 덕을 세우기 위해서 먹지 말아야 된다고 한다. 이것은 신자의 삶의 중요한 원리이다. 모든 것이 가하나 모든 것이 유익한 것이 아니기 때문에, 때로 우리는 덕을 세우기 위해 자신의 권리를 포기해야 하는 것이다. 바울은 이러한 원리를 9장에서 바울 자신이 교회에서 생활비를 받지 않는 문제로 설명한다. 생활비를 받을 권리가 있지만 복음 때문에 참는다는 것이다.

그리고 10장에서는 역사를 통해 교훈한다. 광야교회가 우상 숭배로 망했기 때문에 신약교회도 우상숭배를 하지 말자는 것이다. 그런데 구약 이스라엘과 신약교회가 무슨 상관이 있는가? 6절에서 광야교회의 멸망은 신약교회의 '거울'이라고 한다. 이 '거울'(투포이)이란 말은 '예, 본, 모형'이란 말로, 여기에서 '모형론'(typology)도 생겼다. 광야교회와 고린도교회의 관계는 무엇인가? 그 연속성과 불연속성 사이에 구속사적인 진전에 대해서 생각해 보자.

1. 오경적 구조

일부 학자들은 마태복음의 오경적 구조를 주장한다. 이는 마태복음이 다섯 개의 강화를 중심으로 배열되었고, 마태복음에서 예수님은 새로운 모세로 새 언약 공동체인 신약교회를 새로운 애굽인 배교한 이스라엘(계 11:8)에서 출애굽 시키는 분으로 묘사하기 때문이다. 마태복음의 다섯 강화는 모두 이러한 사실들을 잘 설교하고 있다. 5-7장의 산상수훈은 천국이 이미 도래했음을 선포한다. 새 언약의 시작은 옛 언약의 끝을 알리는 것이다. 그러나 10장의 제자파송 강화에서 예수님은 제자들을 이방인이 아닌 이스라엘의 잃어버린 자들에게만 가도록함으로 옛 언약 백성들에게 마지막 복음을 받아들일 기회를 주는 것이다. 13장에서 천국의 실체를 비유로 설명하신다. 18장에서 교회 강화에서 복음을 받아들이도록 한다. 그러나 결국 그들은 복음을 거절한다. 그래서 23-25장 종말 강화를 통해 그들을 심판하실 것을 선언하는 것이다. 적어도 마태는 다섯 개의 강화를 배열한 복음서 전체를 통하여 옛 이스라엘의 실패와 새 이스라엘의 시작을 묘사하고 있는 것이다.

고린도전서는 고린도교회 안에 산적한 문제들에 대한 바울의 답변이다. 그러므로 거기에 기록된 문제들은 고린도교회라는 특별한 상황 가운데 발생한 셈이다. 그런데 바울이 고린도전서를 기록할 때, 무엇을 염두에 두고 기록했을까? 아무런 생각 없이 기록하진 않았을 것이다. 시간 발생 순서일까? 사건의 중요도 순서일까? 우리는 고린도전서 10:6에서 한 가지 힌트를 얻게 된다. 바울은 구약의 광야교회가 신약교회의 그림자가 된다고 한다. 그러므로 고린도교회의 문제를 나열할 때에도 구약교회의 문제들을 염두에 두고 기록했을 것이다.

역사는 반복된다. 이것이 역사가 주는 교훈이다. 구약교회가 형성되고 세워지는 가운데 발생했던 문제들은 신약교회 안에서도 반복된다. 바울은 이러한 연속성의 관점에서 고린도전서를 기록했을 것이다. 그러므로 딱 떨어지지는 오경적 구조는 아니어도 오경을 염두에 두고 기록했을 가능성에 대해서 전혀 배제할 수는 없을 것이다.

예를 들면, 고린도교회의 많은 문제들 중에서 왜 바울은 하필이면 '당파문제'(1-4장)를 먼저 언급했을까? 바울의 의도가 있다고 본다. 바울은 고린도교회의 많은 문제들이 결국은 교회가 무엇인지 몰라서 생긴 문제, 즉 '정체성의 혼돈'에 기인한 것으로 보았다. '교회가 무엇인지 몰라서' '바울파'니 '아볼로파'니 '게바파'니 심지어 '그리스도파'라고 말했던 것이다. 그러므로 바울은 당파문제로 고린도전서를 시작한다. 그런데 구약성경에서 교회의 설립배경을 통해 교회가 무엇인지를 말하는 것은 창세기와 출애굽기이다. 그래서 당파문제는 창세기와 출애굽기와 연관성을 갖는 것이다.

다음으로 등장하는 것이 고린도전서 5-7장의 '성적인 문제'나, 8-10장의 '우상제물 문제'이다. 이는 레위기와 연관이 있어 보이는데, 레위기는 하나님의 백성들이 어떻게 하면 거룩한 삶을 살 수 있는가 하는 문제를 다루는 것이기 때문이다.

그리고 바울은 11-14장에서 고린도교회의 '실패와 회복'을 보여준다. 이는 민수기에서 다루는 주제이다. 민수기는 40년 광야 생활 가운데 광야교회의 실패와 하나님의 회복의 역사를 보여주는 것이다. 민수기 12장에서 여자인 미리암이 모세의 권위에 도전했고, 16장에서는 고라가 아론의 권위에 도전했다. 바울이 '여자들 머리에 수건을 쓰는 문제'를 다루는데, 이 문제의 핵심은 권위에 대한 것이다. 그리고 민수기 21장에서는 '만나'를 박한 식물로 평가 절하하는 모습이 나오는데, 바울은 '성만찬의 남용에 대한 문제'를 다루는 것이다. 그리고 민수기는 하나님께서 광야교회를 성령의 불 구름 기둥으로 인도하심을 보여주고 있는데, 고린도전서는 '성령(은사) 문제'를 말하고 있다.

신명기는 가나안 땅을 앞두고 광야교회가 어디로 가야 하는지를 보여주는 것이다. 바울은 고린도전서 15장에서는 '부활문제'를 언급함으로 교회의 가나안인 천국에 대한 소망을 심어주는 것이다. 그리고 신명기 율법의 대 주제는 '하나님 사랑, 이웃사랑'이다. 고린도전서 16장은 '헌금문제'로 끝을 맺는데, 이는 신약교회가 '하나님 사랑, 이웃사랑'을 가장 잘 실천하는 방법이기 때문이다.

물론 바울이 오경을 차례대로 설명하기 위하여, 혹은 신약교회와 구약교회의 연속성을 주장하기 위하여 고린도교회의 문제들을 나열한 것은 아니다. 앞서 말했듯이 고린도전서에서 다뤄지고 있는 문제들은 분명히 고린도교회라는 특수한 삶의 정황 속에서 빚어진 문제들이다. 그러나 구약에 익숙했던 바울은 오경적 구조까지는 아니어도, 광야교회를 염두에 두고 고린도전서를 기록한 것으로 보인다.

2. 세례와 성찬

신약교회가 구약교회를 통하여 교훈을 받아야 하는 당위성은 무엇인가? 그것은 신약교회가 갖는 연속성 때문일 것이다. 바울은 이스라엘과 교회가 본질상 같은 것임을 설명한다. 특히 출애굽 직후의 광야교회의 모습에서 신약교회의 원형을 찾는다. 그런데 바울이 이스라엘과 교회가 같은 것임을 어떻게 설명하는가? 고린도전서 10:1-4은 성례, 즉 세례와 성찬으로 이러한 연속성을 설명하고 있다.

칼빈은 참된 교회의 표징으로 세 가지를 말하는데, 온전한 말씀의 선포, 올바른 권징의 시행, 그리고 올바른 성례의 시행이다. 즉 참된 교회는 하나님의 말씀을 바르게 가르치고, 권징을 행하고, 성례를 베풀어야 한다. 이와 같은 세 가지 요소들은 이미 구약 이스라엘에게 있었던 것이다. 왕이며 제사장이며 선지자로서 아브라함의 권위는 야곱의 12 아들에 이르러서, 왕권은 유다에게, 제사장권은 레위에게, 선지자권은 요셉에게 상속된다(cf. 창 49장). 출애굽 이후에는 모세(선지자)와 아론(제사장)과 훌(왕)로 대변된다. 역사 속에서 이스라엘은 선지자를 통해 말씀을 받았다. 그리고 이스라엘이 하나님께 순종하면 복을 받고 불순종하면 징계를 받았다. 때로는 주변 나라들을 이스라엘을 치리하는 하나님의 도구로 사용하셨다. 하나님께서는 사람 막대기와 인생 채찍으로 이스라엘을 권징하신 것이다. 이 점은 쉽게 이해할 수 있을 것이다. 그런데 이스라엘에게 성례를 베푼 사실은 어떠한가? 제사를 지낸 것이 성례에 대한 전부가 아니다. 본문에서 바울은 하나님께서 이스라엘에게 베푸신 성례에 대해서 말한다.

하나님께서 이스라엘에게 성례를 베푸셨다. 2절 그들이 "구름과 바다에서 세례를 받았다"라고 한다. '세례'라는 것은 물로 씻는 예식이다. 겉으로 보면 물로 몸을 씻는 예식이지만, 사실은 죄를 씻는 것에 대한 상징이다. 세례는 죄를 씻는 것이다. 그런데 사망의 죄는 죽음으로 밖에 해결할 수 없다. '피 흘림이 없은즉 사함이 없는 것'이 속죄의 원리이다(히 9:22). 결국 죄는 죽음으로만 해결할 수 있는 것이다. 그러므로 세례를 받을 때에 물에 몸을 잠그는 것은 단순히 씻는 행위가 아니라, 죽는 행위이다. 물에 들어 갈 때 옛 사람은 죽고, 물에 나올 때 새 사람이 사는 것이다. 이스라엘 백성들이 홍해를 건널 때, 그들은 이미 죽은 목숨이었다. 홍해를 건넌 후 그들은 새 생명을 얻은 것이다. 이같이 이스라엘은 홍해에서 세례를 받은 것이다.

그런데 '구름에서 세례를 받았다'는 것은 무엇인가? 구약시대에 성령께서는 구름의 형상으로 나타나셨다. 하나님께서는 '쉐키나'라고 하는 영광구름 가운데 나타나시는데, 그 영광구름이 바로 성령의 형상인 것이다. 결국 구름으로 세례를 받은 것은 성령세례를 받은 것을 뜻한다. 하나님께서는 불 구름 기둥으로 광야 이스라엘을 인도하신 것이다. 이것을 신약적인 용어로 말하면, 광야교회는 물세례뿐 아니라 성령세례도 받은 것이다.

광야 교회는 성찬도 참여한다. 3-4절 "다 같은 신령한 식물을 먹으며

다 같은 신령한 음료를 마셨으니 이는 저희를 따르는 신령한 반석으로부터 마셨으매 그 반석은 곧 그리스도시라.” 이 “신령한 식물과 신령한 음료”는 영적인 음식과 음료라는 말이다. 역사적 상황 가운데 이는 이스라엘 백성들이 광야에서 만나를 먹고 생수를 마신 것을 가리킨다. 그들이 먹은 만나는 ‘생명의 떡’되신 그리스도였다. 요한복음 6:48에서 예수께서는 ‘내가 곧 생명의 떡’이라고 하시면서, 조상들이 광야에서 먹은 ‘만나’와 자신을 비교하신다. 광야의 만나는 그림자요 실체는 예수 그리스도인 것이다. 그리고 그들이 마신 반석의 생수는 반석 되신 예수님에게서 나온 생수였던 것이다. 그러므로 이스라엘 백성들이 먹은 광야의 식탁은 신약적인 용어로 성찬의 상인 것이다.

3. 반석되신 그리스도

광야에서 마신 신령한 음료의 근원은 저희를 따르는 신령한 반석되신 그리스도이다. 그리스도가 반석되심은 성경 전체에서 빈번하게 사용된 개념이다. 사실, ‘반석’이란 모세가 하나님에 대하여 즐겨 사용한 보편적인 칭호 중에 하나이다. 신명기 32장에는 소위 ‘모세의 노래’가 기록되어 있다. 시적 은유이지만 모세는 ‘반석’이란 말을 의인화하여 사용하기도 한다. 즉, 그 노래에서 하나님은 반석으로 묘사된다. ‘반석’의 길은 완전하고 의롭고(4절). 이스라엘에 구원을 가져오는 것이 ‘반석’이고(15절), 이스라엘을 낳은 것도 ‘반석’이다(18절). 열국의 ‘반석들’은 우리의 반석과 같지 않다(31, 37절). 이스라엘의 죄 때문에 반석은 그들을 팔아 버렸고, 그들을 내어 주었습니다. 만약 하나님께서 이스라엘로부터 돌아서지 않으셨다면, 그들은 무적이었을 것이다(신 32:30).

그 외에도 구약에서 하나님은 종종 반석으로 표현된다. 반석이 다윗에게 말하고, 그와 언약을 체결한다(삼하 23:3-7, cf. 삼하 7장). 많은 시편들도 하나님에 대하여 이 반석의 이미지를 사용한다(시 18:2, 31, 46, 62:2, 6, 89:26, 92:15 등). 이사야도 '영원한 반석'을 의뢰하라고 한다(사 26:4). 우상은 반석에 새겨지는데, 하나님 외에는 반석이 없다고 한다(사 44:8).

다니엘서에서는 반석에서 나온 '뜨인 돌'이 등장한다(단 2:34, 45). 이는 반석이신 하나님으로부터 나온 심판자이신 그리스도를 의미하는 것이다. 심판의 돌인 그리스도는 자신이 건축자들이 버린 돌이며 동시에 모퉁이의 머릿돌이라고 하셨고(마 21:42), 이어서 "이 돌 위에 떨어지는 자는 깨어지겠고 이 돌이 사람 위에 떨어지면 저를 가루로 만들어 흩으리라"고 하셨다(마 21:44). 과연 그리스도는 반석 위에 당신의 교회를 세우신다(마 16:18). 하나님의 말씀을 받아들이고 순종하는 자는 또한 반석 위에 집을 짓는 사람이다(마 7:24).

다시 광야교회로 가보자. 이스라엘이 갈증으로 고통 할 때, 하나님께서 등장한다. "내가 거기서 호렙산 반석 위에 너를 대하여 서리니 너는 반석을 치라. 그것에서 물이 나리니 백성이 마시리라. 모세가 이스라엘 장로들의 목전에서 그대로 행하니라"(출 17:6). 아마 하나님께서 영광 구름 가운데 반석 위에 현현하신 것으로 보인다(출 13:21-22, 14:19, 24). 그런데 민수기 20장에서는 상황이 달라진다. 반석을 치는 것이 아니라 "반석에게 명하여 물을 내라 하라"고 하나님께서 말씀하셨다(8절). 모세는 경험대로 일하지 말고 말씀대로 순종해야 했다. 이번에는 반석을 치는 것이 아니라 반석에게 명해야 했던 것이다. 모세는 분노 가운데 반석을 두 번씩이나 쳤다(11절). 결국 참 반석되신 그리스도께서 나타나기 전까지 모세는 가나안 땅에 들어가지 못했다. 변화산에서 예수님과 함께 모세가 나타난 것을 기억하라(마 17:4, 막 9:4). 반석이신 그리스도는 모세의 지팡이로 수욕을 당해도 생수를 내어 광야 이스라엘을 구하셨던 것이다.

나가면서

광야교회의 경험은 신약교회에 많은 교훈을 준다. 그래서 바울은 '우리의 거울'이라고 하였다. 고린도교회의 경험 또한 신약의 모든 교회에 교훈을 줄 것이다. 신약교회는 구약교회를 계승한다. 비록 기독교를 유대교의 한 분파로 보는 견해에 동의할 수 없더라도, 신약의 가르침은 구약을 무시하지 않으며 발전시킨다. 연속성 가운데 불연속성은 구속사적 진전을 보이는 것이다. 구약은 반석이신 하나님을 노래하며, 그 반석으로부터 나온 뜨인 돌을 언급한다. 그 돌의 실체는 옛 언약의 성전 건축자들이 버린 모퉁이 돌이신 예수 그리스도이다. 그 돌 위에 교회는 세워진다. 반석이란 이름을 지닌 베드로 뿐 아니라, 그리스도는 이기는 자들에게 '흰 돌'을 약속한다(계 2:17).

14. 하늘로 오르는 사다리

요한복음 14:6을 이렇게 보면 어떨까?

들어가면서

동방교회 신학자 Gomarus는 '교회는 지상에 있는 하늘'이라고 했다. 그래서 예배당 지붕을 돔(dome) 형태로 둥글게 만들어 놓기도 하고, 오래된 교회의 천장에는 별자리 그림인 황도대가 그려져 있기도 하다. 아마 오늘날 예배당 창문을 타원형으로 만드는 것도 그러한 이유 때문일 것으로 생각된다. 교회는 지상에 있는 하나님의 집이다. 땅에 사는 사람들이 하늘의 하나님을 만나는 공식적인 장소이다. 그런데 이 지상에 있는 하늘로 올라가는 길은 무엇인가? 그냥 예배당에 앉아 있기만 하면 되는가? 무엇으로 이 하늘에 오를 수 있는가?

1. 성산 모티프

성경에는 소위 '성산 모티프'라는 것이 있다. 몇몇 '산'에 특별한 신학적 의미를 부여하고 있는 것이 자주 눈에 띤다. 에덴의 '동산'에서 시작한 성산 모티프는 아브라함의 '모리아산'으로, 모세의 '시내산'으로, 다윗의 '예루살렘 성산'으로, 엘리야의 '갈멜산'으로, 그리고 예수님의 '변화산'과 '갈보리산'으로 맥이 이어진다. 그 성산의 공통점은 하나님이 거하시는 곳이란 사실이다. 그리고 사탄은 이것을 모조해서 '바벨탑'으로 시작해서, '북극 집회의 산'으로, 혹은 '지구라트'나 '피라미드'나 '오벨리스크' 같은 모조품 성산으로 자신의 산을 구축하려 했다. 분명한 것은 고대인들은 '하나님께서 높은 산에 거하신다고 믿었다'는 사실이다.

사실, '에덴'은 높은 지대에 위치했다. 특히 '동산'은 그 에덴에서도 가장 높은 산이었다. 사람들은 '하나님께서 높은 산에 사신다'고 믿었다. 아람 사람들도 "여호와는 산의 신이요"라고 한다(왕상 20:28). 이것은 성경에서 계속 나타나는 사상이다. "내가 나의 목소리로 여호와께 부르짖으니, 그 성산에서 응답하시는도다"(시 3:4, cf. 시 15:1, 43:3, 87:1, 99:9, 사 65:11, 겔 28:14, 욜 2:1, 옵 1:16, 습 3:11).

때로 이 '성산'과 '예루살렘'은 동의어로 쓰이고 있음을 주목하라. "나 여호와가 말하노라. 내가 시온에 돌아왔은즉, 예루살렘 가운데 거하리니, 예루살렘은 진리의 성읍이라 일컫겠고, 만군의 여호와의 산은 성산이라 일컫게 되리라"(슥 8:3, cf. 사 27:13, 66:20, 욜 3:17).

그리고 놀라운 것은 이 '성산'이 '교회' 또는 '하나님의 나라'와 동의어로 쓰이고 있다는 사실이다. "내가 그를 나의 성산으로 인도하여 기도하는 내 집에서 그들을 기쁘게 할 것이며, 그들의 번제와 희생은 나의 단에서 기꺼이 받게 되리니, 이는 내 집은 만민의 기도하는 집이라

일컬음이 될 것임이라"(사 56:7, cf. 사 65:25).

분명히 당시 사람들은 하나님께서 산에 사신다고 믿었다. 그래서 하나님께 올라가려는 다양한 방법을 찾았다. 그 대표적인 것이 바벨탑이다. 그러나 인간들은 번번이 실패한다. 인간의 힘으로는 하나님께 나아갈 수 없기 때문이다. 그래서 하나님께서는 사람들이 하늘로 올라갈 방법을 주셨다. 그것이 바로 '성막'이다. 정확하게 말하면, 성막의 두 제단인 번제단과 향단을 통해서 인간은 하나님께 나아갈 수 있게 된 것이다.

2. 시내산과 성막

성막은 성산의 모습을 하고 있다. 시내산과 성막은 어떤 유사성을 보이고 있는가? 먼저, '산 정상'을 살펴보자. 산 정상은 지성소이다. "제삼 일 아침에 우뢰와 번개와 빽빽한 구름이 산 위에 있고 나팔 소리가 심히 크니 진중 모든 백성이 다 떨더라"(출 19:16). 시내산에서 하나님의 구름이 산 정상을 덮어서 지성소가 되었다. 그리고 "여호와께서 시내산 곧 그 산꼭대기에 강림하시고 그리로 모세를 부르시니 모세가 올라가매"(출 19:20). 대제사장만이 홀로 지성소로 들어 갈 수 있었던 것처럼, 모세 홀로 이 꼭대기로 올라 갈 수 있었다. 훗날 지성소에 두게 될 십계명도 이 산 정상에서 받았다.

다음으로, '산 중턱'은 성소이다. "모세와 아론과 나답과 아비후와 이스라엘 장로 칠십 인이 올라가서, 이스라엘 하나님을 보니 그 발아래에는 청옥을 편 듯하고 하늘같이 청명하더라. 하나님이 이스라엘의 존귀한 자들에게 손을 대지 아니하셨고 그들은 하나님을 보고 먹고 마셨더라"(출 24:9-11). 모세가 산에 올라 갈 때, 이스라엘 장로들은 이 산 중턱에서 하나님과 함께 먹을 수 있었다. 제사장적인 장로들은 민족의 지도자들 즉 '해달별들'이다. 그러므로 이들은 성소 안에 있는 '등대'에 상응한다. 사실, 성경에서 해달별은 지도자들을 상징한다(창 37:9, 계 1:20). 그들이 먹은 식사는 '진설병'과 상응한다. 그들만이 산에 오를 수 있었던 것은 아론 계열의 '제사장들'과 상응한다. 그리고 그들이 보았던 하나님의 발아래 "청옥을 편듯한 것"(출 24:10)은 지성소로부터 성소를 분리하는 '휘장'을 말하는 것이다.

끝으로, '산자락'을 볼 수 있는데, 그 경계를 넘어오는 자는 죽임을 당하게 되었다. "너는 백성을 위하여 사면으로 지경을 정하고 이르기를 너희는 삼가 산에 오르거나 그 지경을 범하지 말지니 산을 범하는 자는 정녕 죽임을 당할 것이라"(출 19:12). 이 경계 내에 제단을 쌓는 것은 오직 선택된 젊은이들만 할 수 있었다. 그러나 그들이 금송아지로 죄에 빠지자, 그때부터 제단의 제사를 돌보는 자들인 레위 지파와 아론의 아들들로 대치되었다(출 32:28-29, 민 8:14-18). 이렇듯 성막은 성산의 모형이었다. 성막은 한마디로 운반할 수 있는 하나님의 산(시내산)이었던 것이다.

3. 시온산과 성전

다윗 시대에는 '시온산'이 성산으로 떠오르게 된다. 이 시온산은 예루살렘에 있는 '모리아 산'이다. 이제 이 하나님의 새로운 성산이 주목을 받게 되는 것이다. 특히 성전이 그 언덕에 위치해 있는데, 이렇게 시온산(모리아산)의 북쪽 끝에 '성전'이 있는 것은 하늘의 모델이고, 성전 남쪽에는 에덴을 도성화한 '예루살렘 성'이 있고, 산 아래 남쪽에는 지옥 또는 무저갱을 상징하는 '게헨나'(지옥을 상징하는 구약의 '힌놈의 골짜기')가 있다.

솔로몬의 아가에서도 이 '(동)산'이 나타난다. 아가서에 하나님이란 표현이 없지만, 이 아가서가 성경으로 받아들여 질 수 있었던 것은 솔로몬과 술람미 여인의 사랑이 그리스도가 교회를 얼마나 사랑하시는지를 상징적으로 보여주기 때문이다. 그러므로 그 사랑의 배경이 되는 '산'은 교회의 원형인 '에덴의 동산'이다.

다윗 언약에서, '왕의 왕궁-동산과 신랑'과 '하나님의 성전-동산과 신부(이스라엘)' 사이에 병행이 보인다. 솔로몬의 아가는 동산에서 회복된 아담(솔로몬-예수님)과 하와(술람미 여인-교회)를 보여주는 것이다. 그래서 전통적으로 주석가들은 아가를 '그리스도와 교회'의 비유로 보았던 것이다.

4. 벧엘 교회

시내산의 성막과 시온산의 성전은 모두 하늘로 올라가는 사다리이다. 우리는 성막의 형태나, 성전이 위치한 장소가 사람들이 하나님을 만나도록 하늘로 올라가는 사다리임을 알 수 있다. 성막/성전/교회는 본질상 하늘로 올라가는 사다리 기능을 하고 있다.

성경에서 처음으로 성전/교회가 세워진 장소가 '베델'이다. '베델'이란 이름부터가 '베이트, 엘', 즉 '하나님의 집'이란 말이다. 에서를 피해 도망가던 야곱은 베델에서 노숙을 한다. 그 밤에 야곱은 꿈을 꾼다. 그가 꿈에 본 것은 무엇이었는가? "꿈에 본즉 사닥다리가 땅위에 섰는데, 그 꼭대기가 하늘에 닿았고, 또 본즉 하나님의 사자가 그 위에서 오르락내리락하고, 또 본즉 여호와께서 그 위에 서서 가라사대, 나는 여호와니 너의 조부 아브라함의 하나님이요, 이삭의 하나님이라"(창 28:12-14). 야곱은 꿈에 사다리를 보았다. 그리고 야곱은 이것을 "이에 두려워하여 가로되 두렵도다. 이곳이 다른 것이 아니라 이는 하나님의 전이요. 이는 하늘의 문이로다"(창 28:17). 하나님의 집이라고 생각한 것이다. 그래서 그 곳에서 제단을 쌓았다.

5. 그리스도의 몸

신약 교회의 많은 별명들 가운데 가장 대표적인 것이 '그리스도의 몸'이란 말이다. 바울은 이렇게 말한다. "교회는 그의 몸이니, 만물 안에서 만물을 충만케 하시는 자의 충만이니라"(엡 1:23). 그리고 "우리는 그 몸의 지체임이니라"(엡 5:30). 사도 요한은 이렇게 표현한다. "말씀이 육신이 되어 우리 가운데 '거하시매'(영어로 tabernacled, '장막을 친다'는 뜻임), 우리가 그 영광을 보니, 아버지의 독생자의 영광이요, 은혜와 진리가 충만하더라"(요 1:14). 말씀이 육신이 되어 인간들 가운데 '장막'을 치신 것이 '예수님'이다.

예수님은 장막 혹은 육신을 입고 오신 '참 성전'이시다. 그래서 예수님이 오신 후에는 그림자 성전은 사라져야 했다. 그래서 참 성전이신 예수님께서 그림자 성전을 심판하신 것이다(요 2:13-22). 결국 AD 70년 그림자 성전은 철저하게 파괴되어야 했던 것이다. 한편, 예수님께서 '사흘 안에 성전을 다시 세우시겠다'고 말씀하셨는데(요 2:19), 유대인들은 그 말을 이해하지 못했다. "그러나 예수는 성전된 자기 육체를 가리켜 말씀하신 것이라"(요 2:21). 이제 성전의 개념이 그리스도 안에서 달라진 것이다. 성전에 대한 구속사적인 진전이 나타나는 것이다.

예수님은 참 성전이시고, 우리는 예수님 안에서 새로운 성전이 되었다. 그래서 바울은 말한다. "너희가 하나님의 성전인 것과 하나님의 성령이 너희 안에 거하시는 것을 너희가 알지 못하느뇨"(고전 3:16, cf. 고후 6:16). 또한 우리는 이미 성전이면서 동시에 지금 지어져 가는 성전이기도 하다(엡 2:20-22). 분명한 것은 새 언약 하에서 우리가 성전이라는 사실이다. 그래서 성찬의 포도주를 마시는 것이다. 이것은 우리 몸 성전에 제사를 드리는 상징적인 행위이다. 즉 성찬의 포도주는 옛 언약에서 금지한 피를 먹는 행위를 상징하는 그리스도의 피를 마시는/기념하는 제의적 의식으로서, 옛 언약의 제단에 피를 붓듯 우리 몸에 성찬의 포도주를 붓는/마시는 것이다. 우리가 성전이기 때문이다.

우리는 이미 성막/성전은 '성산/하늘로 가는 사다리'라고 했다. 그러므로 참 성전/교회된 예수님께서도 하늘로 가는 사다리여야 한다. 그래서 예수님께서 이렇게 말씀하셨다. "예수께서 가라사대 내가 곧 길이요 진리요 생명이니 나로 말미암지 않고는 아버지께로 올 자가 없느니라"(요 14:6).

나가면서

시내산의 성막이나 시온산의 성전에는 두 가지 제단에 있다. '번제단'과 '분향단'이다. 향단은 향을 피우는 곳으로 기도의 향을 피움으로 사람이 하나님께 올라 갈 수 있도록 한 것이다. 지금도 유대인들은 기도할 때 '탈릿'이란 일종의 '기도 보자기'를 쓰고 기도한다. 탈릿은 네 귀퉁이에 새 깃털을 의미하는 '술'(tassel)이 달려 있다. 그들은 기도할 때 탈릿의 날개를 타고 하늘을 날아서 하나님께 올라간다고 믿었던 것이다. 또한, 번제단은 제물을 잡는 곳으로, 제물을 드리는 행위, 즉 연기가 하늘로 올라가는 방법을 통해 하나님께 올라가도록 한 것이다. 이 번제단과 분향단은 물론 참 제단인 동시에 참 제물이신 예수 그리스도의 모형이다. 그러므로 우리는 새 언약 하에서 예수님의 이름으로 기도할 때 하나님께 올라 갈 수 있는 것이다. 그리고 예배할 때 하나님께 올라 갈 수 있는 것이다.

요한은 예배하는 날인 "주의 날에", 예배드리는 중임을 알게 하는 말인 "성령에 감동하여" 하늘로 올라간 것이다(계 1:10). 우리가 개인적으로 기도할 때에 하늘로 올라가게 된다. 또한 공동체적으로 예배할 때에 하늘로 올라가게 된다. 그리스도의 몸된 교회는 하늘로 가는 사다리이다. 지상에 있는 하늘인 예배당에서 하늘로 오르려는 인간의 열망을 건축물로 표현한 고딕식 종탑 위에 십자가가 있다. 오직 그 십자가를 통해서만 인간은 하늘로 올라가게 되기 때문이다.

15. 땅 끝을 넘어서는 교회

사도행전 1:8를 이렇게 보면 어떨까?

들어가면서

교회는 지상에 있는 하늘이어서, 땅에 사는 인간들이 중보자이신 예수 그리스도를 통해 하늘의 하나님과 만날 수 있게 되었다(요 14:6). 하나님께서 이 교회를 세우신 이유가 무엇 때문일까? 흔히 교회가 존재하는 이유를 세 가지로 말한다. 즉 교회는 하나님께 예배하며, 신자들이 교제하며, 불신자를 전도하기 위하여 존재한다고 한다. 일반적으로 교단이나 교회 분위기 혹은 목회자의 목회철학에 따라서 이 세 가지 중 어느 하나를 강조하는 듯이 보인다. 그러나 이 세 가지 가운데 어느 하나도 교회의 존재목적이 아니라고 하지 못할 것이다. 교회는 왜 존재하는 것일까?

1. 성막의 건축

성막은 어떤 의미에서 움직이는 시내산이다. 이러한 점은 성막의 외

양을 살피는 것을 통해서 잘 알 수 있게 될 것이다. 먼저, 성막 뜰의 세마포장은 '흰색'이다. 이는 시내산 자락의 '구름'을 나타내는 것으로 보인다. 그리고 성막의 상부에 '금'이 입혀진 것은 '해와 달'과 관련이 있어 보인다. 특히 출애굽기 38:24를 보면 "성소 건축비용으로 드린 금은 성소의 세겔대로 29달란트와 730세겔이며"라고 되어 있는데, 여기에서 금이 29달란트인 것은 음력으로 한 달의 날 수이고, 730세겔인 것은 양력으로 한 해의 날 수인 365일의 두 배를 뜻한다. 그러므로 성막의 윗부분은 하늘의 해와 달과 관련이 있어 보이는 것이다.

또한, 성막 뜰의 세마포장(細麻布帳)은 다섯 규빗의 나무기둥을 세우고, 아래 받침은 '놋'으로, 위 고리와 가름대는 '은'으로 장식하였다(출27:10). 그런데 이것은 성막의 성소 자체의 아래 받침은 '은'으로, 위 고리와 가름대는 '금'으로 한 것과 어떠한 연관성이 있다(출 26:19, 29). 우리는 성막 기둥의 받침대들과 가름대들의 재질에 대해서 주목할 필요가 있을 것이다. 텐트는 일반 목조나 벽돌로 지은 건물들과 달리 이층으로 세울 수가 없다. 그래서 이층처럼 보이도록 고안된 장치가 뜰의 세마포장의 상부와 성소의 하부에 동일한 재료인 '은'을 사용한 것이다. 이 둘이 의미상 '같은 위치'라는 것이다. 비록 땅 바닥에 놓였지만, 세마포장은 일층이고, 성소는 이층이 되는 셈이다. 그러므로 여기에서 사용된 '은'은 일층(세마포장)의 꼭대기인 동시에 이층(성소)의 바닥인, 즉 땅과 하늘 사이의 중보자적인 존재를 상징하는 것으로 볼 수도 있을 것이다. 물론 이러한 해석에는 다소 무리가 있음을 인정한다. 그러나 성경해석의 극대주의(interpretive maximalism) 입장에서는 불가능할 것도 아니다.

이렇게 '은'을 중보자적인 존재로 볼 때, 우리는 새로운 국면에 이르게 된다. 그 '은'의 총량은 "조사를 받은 회중의 드린 은은 성소의 세겔대로 100달란트와 1,775세겔이니"인데(출 38:25), 1달란트는 3,000세겔이므로, 이것을 반(半) 세겔로 계산하면 603,550반(半) 세겔이다. 이는 바로 이스라엘 남자들의 숫자이기도 하다. "조사를 받은 자가 20세 이상으로 603,550명인즉 성소의 세겔대로 매인에게 은 한 베가 곧 반 세겔씩이라"(출 38:26). 그러므로 이스라엘의 남자들은 중보자적인 존재, 즉 제사장적인 존재가 되는 것이고, 따라서 이스라엘은 제사장적인 민족이 되는 것이다. 성소에서 제사장들은 '에봇'이라고 불리는 '푸른 색 겉옷'을 입었다. 그 옷은 그들이 하늘의 성소를 날아다니면서 섬긴다는 것이다. 사실 성소 안에 '진설병(떡상)'의 12덩어리 떡을 둔 것도 이스라엘 12지파가 하늘의 백성임을 상징적으로 보여주는 것이다. 그러므로 그들은 하늘의 백성이요, 제사장적인 존재들이었다.

이러한 사실들은 바로 하나님께서 이스라엘을 부르신 목적과 부합하게 된다. 출애굽기 19:6을 읽어보자. "너희가 내게 대하여 제사장 나라가 되며 거룩한 백성이 되리라. 너는 이 말을 이스라엘 자손에게 고할지니라." 하나님께서는 이스라엘을 제사장 나라를 삼으시기 위해서 부르신 것이다. 그리고 이스라엘은 제사장 나라로서 사명을 감당했다. 민수기 29:12-38에 기록된 '장막절'을 지키는 모습이 이러한 점을 잘 보여준다. 그들은 7일 동안 소를 제물로 드려 제사를 지내는데, 첫째 날엔 13마리, 둘째 날엔 12마리, 셋째 날엔 11마리, 넷째 날엔 10마리, 다섯째 날엔 9마리, 여섯째 날엔 8마리, 일곱째 날엔 7마리를 드렸다. 모두

몇 마리인가? 13+12+11+10+9+8+7=? 70마리이다. 그러면 왜 하필 70마리였는가? 이는 모세가 당시 세상의 모든 민족들의 숫자를 70으로 파악했기 때문이다. 창세기 10-11장에 열거된 족속들의 숫자를 세어보라. 거기에는 70민족이 존재한다. 그리고 이스라엘을 '제사장 나라'로 삼으신 것은 신약에서 하나님께서 우리를 부르신 목적과도 일치한다. "오직 너희는 택하신 족속이요 왕 같은 제사장들이요 거룩한 나라요 그의 소유된 백성이니 이는 너희를 어두운 데서 불러내어 그의 기이한 빛에 들어가게 하신 자의 아름다운 덕을 선전하게 하려 하심이라"(벧전 2:9). 그러므로 신약 교회도 제사장적인 사명이 있는 것이다.

2. 성전의 건축

하나님의 구원 계획은 처음부터 전 세계적이었고, 나아가 온 우주적인 것이었다. 구약 이스라엘은 열방을 향한 제사장 나라이다. 그러므로 구원은 '이스라엘 백성만'이 아니라 '이스라엘 백성부터'인 것이다. 하나님의 나라가 이렇듯 열방을 품은 것임을 우리는 성막과 성전의 재료와 그것을 세운 사람들을 통해서도 알 수 있을 것이다(다음의 표를 참고하라).

종류	시작자	사역자	협력자	재 료
모세의 성막	모 세	브사렐	오홀리압	애굽예물(출 11:2)
솔로몬 성전	다 윗	솔로몬	후람(단+두로)	두로목재(대하 2:13-14)
스룹바벨 성전	스가랴	스룹바벨	에스라	고레스칙령(스 1:10-2)
새 언약 교회	예수님	베드로	바울	성령(행 1:8)

첫째, 시내산 언약에 세워질 때, 하나님께서는 모세를 선지자로 부르셨다. 하나님께서는 모세에게 하나님의 장막인 성막의 청사진을 주셨다. 하나님께서는 또한 '브사렐'에게 '지혜와 총명과 지식'의 성령을 주셨고, 실제로 성막 건축의 임무를 주었다(출 31:3). 그리고 하나님께서는 또 다른 사람인 '오홀리압'을 지목하여 그를 돕도록 하셨다. 그리고 건축 재료들을 모았는데, 엄청난 보물들이 모아진다(출 36:2-7). 이 보물들은 어디에서 온 것인가? 모두 이방나라인 애굽에서 가져 온 것들이었다(출 11:2).

둘째, 왕국 언약이 세워질 때, 하나님께서는 다윗을 선지자로 부르셨다. 하나님께서 다윗에게 하나님의 집인 성전을 위한 청사진을 주셨다(대상 28:11-19). 하나님께서는 다른 사람인 솔로몬에게 성전을 건축할 '지혜와 지식'을 주셨다(대하 1:11-12). 그리고 솔로몬은 자신을 도울 다른 사람인 '후람'을 지목했다. "내가 이제 공교하고 총명한 사람을 보내오니 전에 내 부친 후람에게 속하였던 자라"(대하 2:13). 개역성경에는 "후람에게 속하였던 자"라고 되어 있으나, 원문은 '아비후람'이고 표준새번역은 '후람'이라고 번역한다. 이는 히람 왕이 후람을 보낸 것으로 보는 것이 좋을 것이다. 그런데 이 후람은 두로 남자와 이스라엘 단 지파 여인의 아들이었다. "이 사람은 단의 여자 중 한 여인의 아들이요, 그 아비는 두로 사람이라"(대하 2:14). 즉 성전의 재료가 이방 나라인 두로의 목재였을 뿐 아니라, 성전을 건축하는 사람도 아주 흥미로운 방식으로 반반씩 이스라엘과 이방인이 참여하게 된 것이다.

셋째, 회복 언약에서 스룹바벨 성전이 세워진다. 그 시대의 선지자는 학개와 스가랴이다. 소위 '밤 환상'을 받았던 스가랴는 하나님께서 죄를 물리치심으로 성전을 다시 세우실 새 언약이 어떻게 세워지는지의 청사진을 받는다(슥 1-6장, 특히 3장). 이들 두 사람은 에스겔이 죽기 전에 회복된 성전의 영적인 측면과 사회적 구조를 계시한 에스겔의 이전 일들을 계승한다(겔 40-48장). 그런데 회복된 성전은 마지막 다윗적인 군주인 스룹바벨과 대제사장 여호수아의 지도하에 세워진다. 대제사장 여호수아의 죽음은 회복의 일을 완성한다. 왜냐하면 대제사장의 죽음은 모든 사람들이 포로에서 고국으로 돌아오게 할 수 있기 때문이다(민 35:28). 그의 죽음은 즉시 성전 기구를 갖고 온 에스라의 도착으로 이어졌다. 그런데 이 모든 일들은 고레스 왕의 칙령으로 가능한 일이었다(스 1:1, 7, 5:13). 그러므로 표면적으로는 이스라엘에 의해서 스룹바벨 성전이 세워지는 것으로 보이지만, 사실 스룹바벨 성전은 고레스 성전이었던 것이다. 유대인의 성전은 이미 환상 가운데 세워졌고 물리적인 성전은 고레스의 성전으로 성전을 세우는 모든 영역에서 이방인이 주도한 셈이다. 유대인들은 그저 건축에 수동적으로 참여하고 있을 뿐이다.

3. 새 언약 교회의 세움

새 언약에 이르면서 우리는 옛 언약 백성인 이스라엘은 완전히 역사 저편으로 사라지는 것을 볼 수 있다. 교회를 세우는 주도적인 역할을 했던 베드로도 이미 전통적인 의미의 유대인이 아니었다. 그는 옛 언약이 아닌 새 언약 속에 완전히 들어온 사람인 것이다. 이러한 점이 잘 드러난 것이 사도행전 10장에서 경험한 소위 '베드로의 환상'이다. 욥바 피장 시몬의 집에서 베드로가 기도하는데 '하늘에서 보자기 같은 그릇'이 내려왔다. 그 속에는 율법상 부정한 짐승과 벌레들이 있었다. 그런데 하나님께서 입으로 정복하는 행위(cf. 마 3:4, 막 1:6)인 잡아먹으라고 하셨다. 베드로는 그러한 부정한 것을 먹지 않겠노라고 했다. 그런데 하나님께서는 내가 정하다고 한 것을 너는 부정하다고 하지 말라고 하셨다. 여기에 등장하는 네 귀퉁이를 맨 '보자기 같은 그릇'은 땅의 사방, 즉 하나님의 통치 영역을 가리키는 것이다. 그리고 '짐승과 벌레'는 부정한 짐승으로 '이방인'을 상징한다. 그러므로 보자기에 담긴 벌레는 이방인들이 하나님의 나라에 들어온 것을 보여주고 있는 것이다. 이 상징의 의미가 베드로에게는 분명했다. 이방인들이 하나님의 영역에 들어올 것에 대한 환상이었던 것이다. 그래서 그는 즉시 이방인 백부장 고넬료에게 가서 복음을 전했고, 그들도 구원을 받고 그들에게도 성령께서 임하셨던 것이다. 또한 바울도 자신의 정체성을 이방인을 위한 사도로 확고하게 알고 있었다(롬 1:5, 11:13, 갈 2:8, 딤전 2:7). 그러므로 새 언약 교회는 유대인이 아닌 이방인들을 향한 교회였던 것이다.

그 재료들에도 구속사적인 진전이 나타난다. 물질적인 존재들이 아닌 영적인 존재가 재료로 쓰이는 것이다. 소위 엑소더스 모티프(exodus motif)에는 전리품들이 발생한다. 하나님께서는 이스라엘 백성들이 애굽(이방)에서 나올 때(exodus)마다 선물(전리품)을 가지고 나오도록 하셨다. 아브라함이 하란에서 나올 때도 그랬고(창 11:27-12:5), 애굽에서 나올 때도 비록 바로에게 거짓말을 하였지만 벌을 받지 않고 오히려 양과 소와 노비와 나귀와 약대를 얻었다(창 12:16). 그랄에서 나올 때도 마찬가지로 거짓말을 했지만 오히려 양과 소와 노비를 얻게 하셨다(창 20:14). 블레셋에서의 이삭도 마찬가지였다(창 26:14). 모세가 애굽에서 나올 때에도 애굽의 진기한 보물들로 성막을 세웠다(출 11:2). 다윗이 블레셋에게 빼앗은 것으로 솔로몬은 성전을 세웠다(삼상 21장-삼하 2장). 바사 왕 고레스가 준 것으로 스룹바벨 성전을 세웠다(스 5:17). 이런 전리품 가운데 가장 위대한 전리품이 바로 새 언약 교회를 세우기 위해 승천하신 예수님께서 주신 것이다. 즉 오순절 성령이다. "하나님이 오른손으로 예수를 높이시매 그가 약속하신 성령을 아버지께 받아서 너희 보고 듣는 이것을 부어 주셨느니라"(행 2:33). 예수님께서 우리에게 좋은 것 중의 좋은 것(cf. 마 7:11, 눅 11:13)인 성령을 부어 주신 것은 교회를 세우기 위함이다. 이방인의 영역을 정복하기 위함이다. 그래서 성막/성전 건축에 처음부터 이방인들이 참여하게 하셨고, 점진적으로 이방인들의 영역을 넓혀 가신 것이다. 이는 하나님의 나라가 유대의 국경을 넘어 이방을 향하여 열방을 품은 것임을 계속해서 암시적으로 보여주신 것이다.

나가면서

처음부터 하나님은 유대인들로부터 시작해서 온 인류를 구원할 구속사적 계획을 가지셨다. 이스라엘은 제사장 나라였다. 제사장은 자신들을 위해 존재하지 않는다. 일반인들을 위해 존재한다. 궁극적으로는 하나님을 위해 존재한다. 새 언약 교회에서 우리도 열방을 품은 제사장 나라인 것이다. 새 언약 교회를 주도한 베드로는 어부출신이다. 주님을 그를 사람 낚는 어부가 되도록 부르셨다(마 4:19). 구약시대에는 바다에서 일하는 사람이 하나님의 종으로 부름 받은 적이 없다. 대부분 목자나 농부 같이 모두 땅에서 일하는 사람들뿐이었다. 그런데 예수님은 어부들을 부르셨다. 이젠 땅(유대인의 영역)이 아닌 바다(이방인의 영역)에서 일할 사람들이 필요한 시대가 왔기 때문이다. 신약교회는 이제 '땅 끝을 넘어서는 교회'가 되어야 하는 것이다.

4. 성령과 종말

16. 성령이 아직(요한복음 7:37-39)

17. 성령의 열매(갈라디아 5:22-23)

18. 휘장이 찢어짐(마태복음 27:45-56)

19. 인자의 임함(마태복음 24:34-37)

20. 속히 오리라하신 주님(계시록 22:6-21)

16. 성령이 아직

요한복음 7:37-39을 이렇게 보면 어떨까?

들어가면서

초막절 끝날에 예수께서는 믿는 자들에게 생수같은 성령을 주실 것을 말씀하신다. 그런데 요한은 "예수께서 아직 영광을 받지 못하신 고로 성령이 아직 계시지 않았다"라고 한다(요 7:39). 왜 하필 초막절에 이런 말씀을 하셨는가? 초막절과 성령 주심은 무슨 연관이 있는가? 그리고 예수님께서 영광을 받으시기 전에는 성령께서 계시지 않았다는 것인가? 그 영광의 때는 언제인가? 우리는 구속사적 진전 가운데 성령님에 대하여 살펴보자.

1. 명절 끝날

명절! 이는 초막절이다(요 7:2). 초막절은 이스라엘 백성들의 광야 생활을 기념하는 절기이다. 레위기 23:40-42에 그 명령이 이렇게 묘사되어 있다. "첫날에는 너희가 아름다운 나무 실과와 종려가지와 무성한 가지와 시내 버들을 취하여 너희 하나님 여호와 앞에서 칠일동안 즐거워할 것이라. 너희는 매년에 칠일 동안 여호와께 이 절기를 지킬지니 너희 대대로의 영원한 규례라. 너희는 칠월에 이를 지킬지니라. 너희는 칠일 동안 초막에 거하되 이스라엘에서 난 자는 다 초막에 거할지니." 그리고 이 명령에 순종한 예가 느헤미야 8:15에 나온다. "또 일렀으되 모든 성읍과 예루살렘에 공포하여 이르기를 너희는 산에 가서 감람나무 가지와 들감람나무 가지와 화석류나무 가지와 종려나무 가지와 기타 무성한 나무 가지를 취하여 기록한 바를 따라 초막을 지으라 하라 하였는지라."

그런데 이스라엘 백성들이 광야에 거할 때에 정말 나뭇잎과 풀로 만든 '초막'에 거하였었는가? 이스라엘이 광야에서 텐트를 치고 '장막'에 거하였을지라도, 그들이 문자 그대로의 '초막(草幕)'에 거한 것은 아니었다. 그런데도 성경은 때로 이스라엘이 '초막'에 거한 것으로 묘사한다(레 23:43). 그러나 그 황량한 광야에서 남자만 60만 명인데 그들이 자신들의 가족을 위한 무성한 나뭇잎들을 어디에서 구할 수 있었겠는가? 성경에서 이스라엘 백성들이 초막(숙곳)에 거한 것으로 묘사하는 것은 다른 무엇을 의미하는 것이다.

히브리어로 '초막'을 나타내는 '숙곳'(sukkah)이란 말은 '덮는다'라는 동사(sakak)에서 유래했다. 이는 장막을 치거나 무엇이 그늘지게 하는 것임을 볼 수 있다. 이것은 나무 그늘의 유추이고, 또한 하나님의 영광구름의 유추이다. 그리고 그 영광구름의 상징으로 나타난 장막을 의미하는 것이다. 그러므로 광야 이스라엘 백성들이 초막에 거하였다는 것은 하나님의 구름기둥 아래 거하였다는 것이다. 하나님의 불 구름 기둥이 마치 하나의 커다란 초막처럼 이스라엘 백성들 위에 드리운 것이다. 이 영광구름은 구약에 나타난 성령의 형상인 것이다.

성령은 때로 피조물 위에(창 1:2)와 광야 이스라엘 위에 운행하신(신 32:10-11) 영광구름의 모습으로 나타난다. "수천의 천사들과 함께"(시 68:17, cf. 대하 6:17), 그 구름은 날개 피난처, 즉 "폭풍 중에 피난처시며 폭양을 피하는 그늘"을 제공한다(사 25:4, cf. 시 17:8, 36:7, 57:1, 61:4, 63:7, 91:1-13, 121:5-6). 이 모든 것들은 새 언약 교회의 도래에 관한 예언 속에서 요약된다. 즉 "이는 주께서 그 심판하는 영과 소멸하는 영으로 시온의 딸들의 더러움을 씻으시며 예루살렘의 피를 그 중에서 청결케 하실 때가 됨이라. 여호와께서 그 거하시는 온 시온 산과 모든 집회 위에 낮이면 구름과 연기, 밤이면 화염의 빛을 만드시고 그 모든 영광 위에 천막을 덮으실 것이며"(사 4:4-5, cf. 51:16).

이 하나님의 임재의 구름, 즉 그늘 막(canopy)이 '장막'이라고 불린 것이다(삼하 22:12, 시 18:11, 렘 4:13, 시 91:4). 그리고 그 초막절에 하나님은 학개를 통해 말씀하신다. "또한 만국을 진동시킬 것이며 만국의 보배가 이르리니 내가 영광으로 이 전에 충만케 하리라 만군의 여호와의 말이니라"(학 2:7). 스가랴 역시 민족들의 회심과 삶의 전 영역의 거룩에 대한 용어로 이 초막절의 의미에 대하여 예언했다(슥 14:16-21). 바로 그 초막절에 예수님께서 그것의 의미를 다시 제시하신 것이다. 즉 회복되어진 신약 교회의 신자들에게 성령의 부으심이 있을 것이라는 것이다.

그러므로 초막절은 성령에 대한 가르침을 주시기에 가장 적절한 시기였던 것이다. 오늘날도 하나님의 영광구름은 당신의 교회 위에 충만해 있다. 비록 우리가 가시적으로 볼 수 없을지라도 지상교회는 성령의 임재와 인도 하에 존재한다.

2. 생수의 강

광야 이스라엘에 대한 단 한 장의 기록 사진을 남겼다면, 이스라엘 12지파가 성막을 가운데에 두고, 세 지파씩 사방으로 진을 치고, 성막 위에 불 구름 기둥이 머물러 있고, 그 불 구름 기둥 윗부분이 온 이스라엘을 덮으며 넓게 펴져 있는 모습이었을 것이다. 그런데 이것이 또한 초막절의 모습인 것이다. 그런데 초막절에서 기념하고자 했던 것은 광야 생활의 고달픔만이 아니었다. 그들이 성령의 임재 하에 있었다는 사실이다.

새 언약에서 교회는 불 구름 기둥(초막)이 아닌 새로운 모습의 성령을 경험하게 된다. 바로 '생수의 강'이다. 사실 '생수'(living water)라는 말은 단순히 흐르는 물을 의미한다. 그러나 이 물은 모든 생명의 근원이 되는 것이다. 그런데 요한복음 7:38에서 강조되고 있는 것은 생수가 아니라 강들(rivers)이다. 헬라어 원문에서는 이 '강들'이란 단어가 가장 앞에 나와서 강조되고 있다.

성경은 다른 생물들이 살게 하는 '강들'에 대해서 말한다(겔 47:7-12, 계21:1-2). 아니 정확하게 말해서 처음부터 강들은 생명의 근원이었다.

창세기 2장에 등장하는 에덴동산의 네 강들은 동산을 적시는 생명의 근원이었다. 이 강들이 가장 원초적인 생명의 근원으로서의 모습으로 회복된 것이 계시록 22장인 것이다. 그러나 이러한 회복을 경험하기 전에 이 강들은 오염되었다. 그래서 계시록 8장에 쓴 물을 내는 샘들이 생기게 되고, 바다까지 오염되게 되었다. 시냇가에 심은 나무 같은 사람들은 오염된 물들로 인하여 고통을 받게 되었으나 생수의 강이 흐름으로 다시 잎사귀가 소성케 된 것이다.

에스겔 47:7-12은 생수의 강이 흐르는 강을 이렇게 묘사한다. "내가 돌아간즉 강 좌우편에 나무가 심히 많더라. 그가 내게 이르시되 이 물이 동방으로 향하여 흘러 아라바로 내려가서 바다에 이르리니 이 흘러내리는 물로 그 바다의 물이 소성함을 얻을지라. 이 강물이 이르는 곳마다 번성하는 모든 생물이 살고 또 고기가 심히 많으리니 이 물이 흘러 들어가므로 바닷물이 소성함을 얻겠고 이 강이 이르는 각처에 모든 것이 살 것이며, 또 이 강가에 어부가 설 것이니 엔게디에서부터 에네글라임까지 그물 치는 곳이 될 것이라 그 고기가 각기 종류를 따라 큰 바다의 고기같이 심히 많으려니와, 그 진펄과 개펄은 소성되지 못하고 소금 땅이 될 것이며, 강 좌우 가에는 각종 먹을 실과나무가 자라서 그 잎이 시들지 아니하며 실과가 끊치지 아니하고 달마다 새 실과를 맺으리니 그 물이 성소로 말미암아 나옴이라 그 실과는 먹을 만하고 그 잎사귀는 약 재료가 되리라."

이것은 다시 계시록 22:1-2에서 완성된 모습으로 나타난다. "또 저가 수정같이 맑은 생명수의 강을 내게 보이니 하나님과 및 어린 양의 보좌로부터 나서, 길 가운데로 흐르더라 강 좌우에 생명나무가 있어 열두 가지 실과를 맺히되 달마다 그 실과를 맺히고 그 나무 잎사귀들은 만국을 소성하기 위하여 있더라."

에스겔서에서는 생수의 강의 근원이 성소였다. 그런데 계시록에서는 어린 양의 보좌이다. 우리는 여기에서 구속사적인 진전을 보게 된다. 옛 언약 하에서 희미하게 비춰지던 그림자 성소의 실체가 새 언약에서 분명하게 어린 양으로 나타난 것이다. 이러한 그림언어로 묘사된 '생수의 강'은 무엇인가? 그것을 성령이라고 해석해 주는 말씀이 바로 요한복음 7:38인 것이다. 생수의 강의 근원은 어린 양이고, 생수의 강의 실체는 성령이었다.

3. 영광의 때

성령은 이미 존재하셨다. 그런데 "예수께서 아직 영광을 받지 못하신 고로 성령이 아직 계시지 않았다"는 것은 성령에 대한 존재론적 진술이 아니다. 요한복음에서 세례요한에 의해 성령께서 비둘기의 형태로 예수님의 위에 임하셨다는 것이 증거되었다(요 1:32-33). 지금 여기에서 강조되는 것은 성령의 오심의 시간에 관한 것이다. 요한은 말하기를 예수님께서 영광을 받으실 때 성령께서 오신다는 것이다. 일반적으로 이 구절에 대한 설명은 오순절 성령의 부어주심으로 해석되어졌다. 즉 예수님께서 부활 승천하여 하나님의 보좌 우편에 앉으신 후에 오순절 성령께서 오셨다는 것이다. 그러나 요한이 의미하는 것은 조금 다르다.

요한복음에서 예수님의 영화(榮華)는 부활 승천이 아니라 십자가에서 시작되었다. 요한은 영광의 시점을 십자가의 죽으심으로 보는 것이다. 예수님께서 마지막 예루살렘 여행 시에, "인자의 영광을 얻을 때가 가까웠다"고 하셨다(요 12:23). 그 시점 이전에, 예수님은 아직 당신의 "때"가 이르지 않았기 때문에 체포되시는 것을 피하셨다(요 7:30, 8:20). 분명하게 예수님께서 말씀하신 그 "때"는 죽음의 때이고, 죽음은 그의 영광이다. 예수님께서 십자가에 "들릴 것"이라고 하신 예언은 공간적으로 높이 들리는 것, 그 이상이다(요 12:33). 즉 '들린다'는 것은 '높아진다'는 것이고, 이는 '영광스럽게 된다'는 것이다. 즉 요한복음에서 십자가는 예수님의 높아지심의 시작이다.

기독교의 교리들은 그리스도의 비하(卑下)와 승귀(昇貴)에 대해서 말한다. 즉 U자(字) 형으로 예수님의 탄생에서 수난, 그 수난의 정점으로 십자가의 죽으심까지가 그리스도의 비하이고, 부활과 승천, 보좌 우편에 앉으심으로 등이 승귀라고 이해한다. 이 말들은 성경적이지만(빌 2:5-11), 성경은 또한 같은 사건들의 다른 차원이 있음을 말한다. U자형 대신에, 요한은 죽음, 부활, 승천을 상승적으로 비스듬하게 경사진 일직선상에 있는 것들로 묘사한다. 즉 십자가는 내리막의 마지막 계단이 아니라, 하늘로 가는 첫 계단이다.

인자를 영화롭게 하는 것으로 십자가에 대한 요한의 이러한 강조는 그리스도의 사역에 대한 요한복음의 전체에 걸쳐 적절한 것이다. 요한복음 20:17에서, 예수님은 막달라 마리아에게 당신의 승천이 가까우신 것을 말씀하셨고, 유월절 밤에 열 한 제자들에게 명령하셨고 성령의 첫 열매를 내쉬셨다(요 20:21-23). 요한이 의미하는 바는 승천과 오순절은 부활과 불가분의 것이고, 사실 승천과 오순절은 원리적으로 부활절에 시작된다. 요한은 모든 구속의 최고의 사건들을 일직선상에 둘 뿐 아니라, 모든 이 사건들을 하루 안에 압축한다.

만약 십자가가 예수님의 영광의 시작이라면, 요한복음 7:39에 근거해서 우리는 예수님께서 "들리실" 때에 성령께서 주어지신 것으로 생각할 수 있다. 먼저, 이는 요한이 예수님의 죽음을 묘사하는 것으로 나타난다. 요한복음 19:30은 마가나 누가가 그런 것처럼 "운명하시다"라는 표현이 없다(막 15:37, 눅 23:46). 대신에, 그 본문은 예수님께서 "머리를 숙이시고 영혼이 돌아가셨다(혹은 넘겨주셨다)"라고 한다(cf. 마 27:50). "넘겨주셨다"는 말은 예수님의 수난에 대한 요한의 기록 전체에서 핵심 단어이다. 이는 악한 자들의 손에서 다른 악한 자들에게 예수님을 넘겨줄 때 주로 사용되었다. 유다가 예수님을 유대인들의 손에 넘겨주었다. 유대인들이 빌라도에게 넘겨주었다. 빌라도는 예수님이 옳고 무죄한 것을 알면서도 유대인들이 못 박도록 넘겨주었다(cf. 요 18:2, 5, 19:11). 예수님을 넘겨주는 것의 최고조는 교회에 당신의 성령을 넘겨주시는 것이다. 십자가에서 죽으시고 영광스럽게 되심으로 예수님은 당신의 성령을 넘겨주셨다.

요한복음에서만 언급되고 있는, 예수님의 옆구리에서 흐른 피와 물은 이 점을 강조한다. 요한복음 7:38에서, 예수님께서는 생수(성령)를 받을 자들이 생수의 근원이 될 것이라고 하셨다. 이제 새 언약 교회는 생수의 강의 통로가 되는 것이다.

성령은 예수님께 임하셔서 예수님과 함께 머무셨다(요 1:33). 그러므로 예수님은 “성령으로 나신” 분, 즉 “네가 그 소리를 들어도 어디서 오며 어디로 가는지 알지 못하는” 분이다(요 3:8, cf. 요 7:27, 36, 14:1-6). 그러므로 그는 생수와 깨끗하게 하는 피의 근원이 되시는 분이시다(요일 5:7). 우리는 또한 옆구리에서 물과 피를 흘린 것이 요한의 성전의 상징의 일부인 것을 주목할 수 있다. 요한복음 2장에서 이미 예수님은 당신의 몸이 하나님의 참 성전이심을 말씀하셨다. 이 성전이 십자가에서 찢겼을 때, 이는 생수의 강의 근원이 된 것이다(cf. 겔 47:1-12, 슥 12:10-13:1, 14:8).

나가면서

초막절은 옛 언약 하에서 광야 이스라엘 위에 하나님의 성령께서 임재하심에 대한 기념을 하는 절기이다. 새 언약에서 이제 성령은 교회 위에 충만히 부어질 것이다. 그 성령의 부어짐의 시점은 예수님께서 영광을 받으실 때이고, 이는 십자가에서 당신의 몸이 찢어질 때이다. 에스겔서에서 생수의 강으로 묘사된 성령은 성전에서 흘렀고, 계시록에서 생수의 강으로 묘사된 성령은 어린양의 보좌에서 흘렀다. 이는 성전된 예수님에게서 흘러나온 것이다. 성전된 예수님의 몸이 찢어질 때 흘러나온 것이다.

이는 오순절 날 단회적인 성령의 임하심을 의미하는 것이 아니라 모든 세대 모든 그리스도의 교회들 위에 임하실 성령의 풍성하심에 대한 약속이다. 옛 언약에서 성령은 한시적으로 광야 이스라엘 위에 머무르셨지만 새 언약에서 성령은 부단히 예수 그리스도의 교회를 통하여 흘러넘치고 있다.

17. 성령의 열매

갈라디아 5:22-23을 이렇게 보면 어떨까?

들어가면서

성경은 첫 창조의 낙원인 에덴에서 마지막 창조의 낙원으로의 여행 기록이다. 구속사는 낙원 회복의 역사이다. 창세기의 에덴동산에는 각종 나무가 심겨져 있었는데, 그 중앙에는 특별한 두 나무, 즉 생명의 나무와 선악을 알게 하는 나무가 있었다. 선악과가 아담과 하와에게 먹혀졌기에, 하나님은 생명나무를 지키게 하셨다. 그러나 계시록에서 묘사되는 낙원은 생명수 강가의 동산으로 강 좌우에 생명나무가 열매 맺히는 것으로 묘사된다(계 22:1-2).

이러한 생명나무의 열매로 충만한 곳이 회복된 낙원(paradise restored)이다. 갈라디아서는 신약교회가 맺어야 하는 성령의 열매에 대해 말한다. 이것은 구속사에서 어떤 위치를 차지하는가? 이것에 대한 교회의 올바른 적용은 어떤 것인가?

1. 나무 같은 것들

창세기 1장의 엿새 동안의 천지 창조는 제 6일의 인간창조에 그 초점이 맞추어져 있다. 성경은 하나님과 인간 사이의 언약문서이기 때문이다. 언약적 관점에서 창세기가 출애굽기의 서론이라면, 창세기 1장은 세상에 죄가 들어오기 전에 창조의 거대한 이야기와 의미를 자세하게 하는 창세기의 서론이다. 그러므로 창세기의 기록은 당연히 언약의 대상인 인간을 중심으로 기록되어 있는 것이다. 여기에서 첫 3일 동안 창조된 것들은 둘째 3일 동안 창조된 것의 기초를 형성한다. 그러므로 셋째 날에 창조된 것들은 여섯째 날에 창조된 인간을 위한 음식이었다. "땅은 풀과 씨 맺는 채소와 각기 종류대로 씨 가진 열매 맺는 과목을 내라"(창 1:11, cf. 1:29).

특히 우리가 먹는 것 가운데 잎이나 줄기같이 다른 그 무엇이 있다 하더라도, 성경은 곡류(씨)와 과일에 특별한 주의를 기울인다. 이 곡류와 과일은 떡과 포도주로 가공되어진다. 멜기세덱은 떡과 포도주를 아브람에게 주었다(창 14:18). 요셉은 감옥에서 떡 굽는 관원장과 술 맡은 관원장을 만났다. 궁극적으로 그는 그 둘을 대신하였다(창 40장, 41: 53-57, 44:2-5). 물론 이것은 다시 성찬식의 떡(빵)과 잔(포도주)으로 옮겨진다. 이 음식은 곧 그것을 먹는 사람의 생명이었으며, 그 사람 자체였다. 정결한 음식을 먹으면 정결한 사람이었고 부정한 음식을 먹으면 부정한 사람이었다. (떡과 잔으로 상징되는) 예수님을 먹으면 상징적으로 예수님이 되는 것이고, 예수님의 생명을 지니게 되는 것이다. 같은 맥락에서 구약에서도 음식에 관한 규례들이 필요했던 것이다.

창세기 2장은 사람과 나무가 땅에서 나왔음을 말함으로서 서로를 연결시킨다(창 2:7, 9). 그러나 인간의 죄 때문에 땅은 추한 가시를 내었으며, 한편으로 아름다운 나무들도 생산하였을 것이다(창 3:18). 이것이 명백하게 말하여지지는 않지만, 창세기 3-4장의 구조는 흙으로부터 만들어진 인간 자신은 나무와 가시와 같은 아들들을 낳을 것이라는 것을 어느 정도 암시한다. 그러므로 우리는 나무인 아벨과 가시인 가인을 보게 된다. 사사기 9:14-15에서와 같이, 성경은 불의한 자를 가시로 계속 묘사한다. 그러한 가시 – 인간들이 우리 주님에게 가시 면류관을 준 것은 곧 우리 주님에게 저주를 부과한 것이었다(마 27:29).

이렇듯 성경적 상징주의에서 인간은 나무이다. 시편 1편과 사사기 9장 요담의 비유에서 나무들이 사람을 상징한다. 흥미로운 사실은 예수님에 의해서 고침을 받은 소경이 사람들을 보고 나무 같은 것들이 걸어다닌다고 했다(막 8:24).

2. 하나님의 숲

성경에서 나무는 사람들을 상징하고, 인간은 나무 같은 존재이다. 이러한 연관성은 우리에게 성경의 중요한 나무 이미지를 주목하게 한다. 먼저, 에덴의 동산에서 나무심기는 최초의 인류심기와 함께 나타난다. 에덴에서 쫓겨난 인간은 뜨거운 태양만이 기다리고 있었다. 그러나 의인들은 나무숲에 거주하는데, 그것은 하나님의 축복의 상징이었다. 예를 들어, 족장시대에 두드러진 나무는 '상수리나무'이다. 특별히 아브라함은 상수리나무 아래 살았다(창 12:6, 13:18, 14:13, 18:1, KJV에서는 모두 "평야"로 오역하고 있다. cf. 창 35:4, 8). 이스라엘이 가나안 땅에 들어갔을 때, 그들은 모레 상수리나무 아래 살았던 아브라함의 발자취를 따랐다고 생각했다(신 11:30).

모세 시대에는 종종 다른 나무들도 언급되지만, 두드러지게 나타나는 나무는 '종려나무'이다. 가나안 땅에 하나님께서 이스라엘을 두심은 그가 나무를 심으신다는 에덴적인 용어에 관하여 반복적으로 말하여진다(출 15:17, 민 24:6, 삼하 7:10, 시 44:2, 80:8-12, 사 5:2, 7, 60:21, 61:3, 렘 2:21, 12:10, 24:6, 암 9:15). 하나님의 수목의 발등상 주변에 인간 나무의 이러한 숲은 해마다 장막절로 기념이 되어졌다(레 23:40-42). 또한 모세의 성막 자체는 나무판자로 지어졌다. 기둥들은 하나님의 영광스러운 인간 무리의 상징인 금으로 입혀졌다(출 26:15-25, 32, 37, 갈 2:9, 계 3:12).

한편, 이스라엘이 이집트를 나와서 엘림에 장막을 쳤을 때, 거기에 물 샘 열둘과 종려나무 70주가 있었다(출 15:27, 민 33:9). 열두 물 샘은 이스라엘의 12지파를, 70주의 종려나무는 세계의 70개국 나라를 상징한다(창 10장). 물 샘 곁에 있는 70주의 종려나무는 물 샘에 의해서 성장하듯이 세계 70개국 나라는 이스라엘에 의해서 살아간다. 그러나 이스라엘은 온 세계에 은혜를 주어야 할 사명이 있었지만, 이스라엘은 그 사명을 제대로 감당하지 못했다.

그러한 영적인 물 샘은 옛 종려나무를 대체할 새로운 종려나무를 재배할 것이다. 가나안에서 이스라엘에 의해서 멸망한 첫 번째 도시는 여리고인데, 그 도시는 종려나무의 도시로 잘 알려져 있었다(대하 28:15, 삿 1:16, 3:13). 이제 하나님은 자신의 종려나무 도시를 세우신다. 그래서 드보라는 종려나무 아래에서 이스라엘을 재판을 하였다(삿 4:5). 종려나무가 완전히 성장하였을 때, 그 참된 종려나무는 성전이 되었다. 그 성전은 모든 주변 내부에 종려나무로 그려져 있었고, 하나님의 수목의 무리들을 나타낸다(왕상 6:29, 겔 41:18-20, 시 92:12-14, cf. 시 52:8).

다윗 시대에는 '백향목'이 크게 주목받았다. 에스겔 17장은 백향목이란 용어로 다윗의 집에 관해 예언한다. 다윗 언약 자체는 백향목과 관련되어질 수 있지만, 성전과 궁전은 백향목과 감람나무와 잣나무와 관련이 되어진다. 백향목은 두 번째로 거룩한 나무였다(왕상 5-7장). 가장 거룩한 나무는 감람나무인데, 가장 거룩한 곳에 사용되어졌다. 가장 거룩하지 않은 나무는 잣나무(cypress)로서 바깥 지역에 사용되어졌다.

성전 파괴와 함께, 왕국은 외관적으로는 굴욕적인 기간으로 움직이지만, 내면적으로는 영광의 기간으로 움직인다. 화석류나무는 포로 후 기간에 주목을 받는다. 하나님은 화석류나무로 회복을 예언하셨다(사 55:13). 그리고 느헤미야는 화석류나무를 초막절을 위하여 사용되어진 나무들의 목록에 추가하였다(느 8:15). 스가랴는 이스라엘을 화석류나무 숲으로 보았고(슥 1:8-11), 그것은 왕후 에스더의 본래 히브리 이름이 작은 나무의 일종인 '하닷사'라는 것은 우연이 아니다(에 2:7).

새 언약에서 우리는 새로운 진전을 발견한다. 예수님께서는 에스겔 17장으로부터 백향목 비유를 되풀이 하셨지만, 그것을 구약성경과 아무런 관련도 없는 '겨자씨'로 변경하셨다(마 13:31-32, 막 4:30-32, 눅 13:18-

19). 이것은 그의 유대인 청중들을 불쾌하게 하였음에 틀림없다. 왜냐하면, 이는 다윗 왕조의 회복에 대한 그들의 소망과 다른 것이기 때문이다. 예수님은 당신의 왕국을 거대한 백향목과는 달리 보잘 것 없는 겨자씨와 같은 것으로 천명하셨다. 시대마다 강조되는 나무들은 달라도 변함없이 하나님의 사람(나무)들이 심겨진 곳은 하나님의 숲이라는 사실이다. 그래서 성경에서 이스라엘을 말할 때, 포도원이나 밭으로 표현되는 것이다(마 20:8, 21:39, 40, 막 12:8-9, 눅 20:10-15 등).

3. 모세의 떨기나무

하나님은 나무를 심는 분이셨고, 마지막 아담이신 예수님은 동산지기였다(요 20:15). 그런데 하나님은 나무 가운데 나타나시는 분이기도 하시다. 그래서 성경에는 "수목(樹木)적인 신의 현현들"(arboreal theophanies)이 종종 나타난다. 그 대표적인 것이 모세를 부르시는 장면일 것이다(출 3:1-5). 여기 유의해야 할 몇 가지 중요한 것들이 있다. 첫째, 이것은 하나님의 산에서 일어난 일이다. 성산의 나무는 성전의 나무와 관련이 있다. 특히 떨기나무와 조각목은 모두 아카시아 나무로 성전의 나무이다(cf. 출 25:5, 10, 13, 23, 26:15,26, 32, 27:1, 6, 30:1, 5 등). 둘째, 떨기나무에 붙은 불은 하나님의 영광-구름이 타오르는 불과 관련되어져야 한다(출 19:16-18, cf. 창 15:17). 떨기나무 한 가운데 있는 것은 하나님의 영광이다(신 33:16). 셋째, 떨기나무 주위의 환경은 거룩한 땅이라고 했다. 이것은 하나님의 성소에 상응하는 표현이다. 나중에 시내산은 거룩한 땅이 되며, 성막과 성전 영역이 된다. 즉 호렙산 위의 불타는 떨기나무는 시내산 꼭대기의 타오르는 영광이 되며, 그 다음 나무로 된 성막 내부의 영광-구름이 되고, 모리아(시온)산 위의 나무로 된 성전 내부의 영광-구름이 된다. 넷째, 불타는 떨기나무는 이집트의 고통의 화로에 있는 이스라엘을 나타낸다. 하나님의 영광의 불은 이집트의 화로에 있는 그들을 정결케 하실 것이다(cf. 출 3:7).

때로, 나무 가운데 하나님의 임재는 모세와 아론의 지팡이에서 볼 수도 있다. 그 지팡이를 통하여 재앙이 내렸고(출 4:2-5, 7:10-12, 15, 17, 20, 8:5, 16, 9:3, 8, 15, 22-23, 10:12-13), 홍해가 갈라졌고(출 14:16, 21, 26), 바위에서 물이 터졌다(출 17:5-6, 민 20:8-9). 그리고 아말렉의 패배(출 17:11)와 아론의 지팡이의 꽃이 핀 것도 지팡이에 나타난 하나님의 임재를 보여준다(민 17장). 또 한편, 우슬초 묶음은 종종 정결케 함과 상징적으로 불결에서 죽은 자들에 대한 물을 소생하게 하기 위하여 쓰여졌는데, 이 또한 하나님의 능력과 결합되어야 한다(출 12:22, 레 14:4, 6, 49-52, 민 19:6, 18, 시 51:7, 히 9:19).

우리는 하나님의 영광과 연결하여, 나무에서 생기는 기름, 특히 감람유의 사용을 언급할 수 있다. 성막의 모든 가구는 특별한 감람유로 발라졌다(출 30:22-33). 그리고 감람유는 성막의 등대에 영광의 빛을 공급하기 위하여 태워졌다(레 24:1-4, 슥 4:3, 11-12). 성전의 가장 거룩한 부분은 감람나무로 만들어졌고(왕상 6:23, 31-34), 새 언약은 시온산의 거부와 감람산으로의 교체를 포함한다(슥 14:4, 마 24:3, 26:30, 행 1:12).

그러나 가장 흥미 있는 것은 제도화된 타오르는 덤불이다. 즉 성막과 성전에서의 등대이다. 등대는 불에 태워진 양식화된 아몬드 나무로 만들어졌다(출 25:31-40, 37:17-24). 우리는 타오르는 덤불과 연결을 거의 피할 수 없다. 등대에 대한 단어는 글자 뜻대로는 "갈대"이다. 그러한 갈대는 열왕기하 18:21, 이사야 36:6, 그리고 에스겔 29:6-7에서와 같이, 백성들을 나타내며, 그 모두는 이집트가 갈대의 땅이기 때문에 바로를 언급한다. 백성의 이미지로서 등대에 대한 언급은 유명한 구절인 이사야 42:3에서 발견된다. 즉 "갈대를 꺾지 아니하며 꺼져 가는 등불을 끄지 아니하고 진리로 공의를 베풀 것이며."

4. 하늘로 가는 사다리

모세의 호렙산에서의 경험은 시내산에서 확대된다. 그리고 모세의 시내산은 이스라엘의 성막으로 축소된다. 성막은 움직이는 시내산이기도 하였다. 호렙산의 불타는 떨기나무는 시내산 성막의 재료였고, 땅에 있는 인간이 하나님을 만나는 수단이었다. 나무는 인간이 하늘로 가는 사다리 역할을 하였다.

이 하늘로 가는 사다리에 대한 사단적인 위조품이 있었는데, 가장 유명한 가짜 나무 사다리는 느브갓네살 왕 자신이 생명나무가 되는 꿈에서 찾을 수 있을 것이다(단 4:11-12). 하나님은 그루터기만을 남기고, 이 거만한 바벨탑 나무를 베어낼 것을 명령하신다(단 4:14-15). 이것은 느브갓네살이 참 신이 아님을 가르치기 위함이다. 바벨탑은 하늘로 가는 위조된 사다리이지만, 야곱의 환상 가운데 나타난 사다리는 참된 것이다.

그 참된 사다리는 메시야이다. 예수님은 이 사실을 나다나엘에게 말씀하셨다. "또 가라사대 진실로 진실로 너희에게 이르노니 하늘이 열리고 하나님의 사자들이 인자 위에 오르락내리락하는 것을 보리라 하시니라"(요 1:51). 예수께서 무화과나무 아래에 앉아있는 나다나엘을 보셨다는 것은 하나님의 제사장 나라로서 이스라엘을 상징하는 무화과나무는 하늘로 가는 참 사다리이시며, 참 이스라엘이신 예수 그리스도와 연결되어진다(요 1:48-50).

한편, 제단과 돌기둥 또한 하늘로 가는 사다리이다. 이것들은 거룩한 산들의 축소형이고, 거룩한 산은 하늘로 가는 사다리이기 때문이다. 족장들 시대에는 제단과 나무가 서로 관련이 있었다. 아브람은 세겜에서 하늘로 가는 사다리인 예배 제단을 쌓았다. 이것은 나무와 관련이 있다(창 12:6, 35:4, 수 24:25, 삿 9:6). 하나님은 로뎀나무 아래에서 엘리야를 먹이셨고 거기서 그를 거룩한 산 호렙으로 인도하셨다(왕상 19:4, 5, 7). 이러한 연결에서 제단과 나무는 하늘로 가는 사다리이기 때문에, 나무가 제단이 될 수 있다는 사실에 주의를 기울여야 한다. 이러한 설명은 그리스도의 십자가에 대한 설명이기도 한데, 십자가 위의 그리스도의 사지(四肢)는 제단의 네 뿔을 연결한다.

십자가는 우리의 제단이요, 하늘로 가는 우리의 사다리이다. 구약에서 제물과 함께 제단의 나무가 불에 타며 희생되었듯이, 십자가의 나무(the Tree of the Cross)에서 예수님은 온 세상에 대한 구속의 사역을 완성하셨다.

나가면서

성경적 상징주의에 의하면, 사람은 나무이다. 이 나무의 생명 넘치는 무성한 숲은 하나님의 나라를 보여준다. 그래서 "복 있는 사람은 시냇가에 심기운 나무같다"고 한다(시 1:3). 이 나무가 울창한 숲을 이룬 것이 에스겔서 47장이고, 계시록 22장이다. 이것은 창세기 1-2장에 대한 회복의 이미지이기도 하다. 이새의 뿌리(롬 15:12)이신 예수님은 참 생명의 포도나무요 우리는 가지이다(요 15:5). 열매를 맺지 못한 옛 이스라엘은 꺾여 졌지만(마 21:19), 열매 맺는 백성들은 그 나라를 상속하게 될 것이다. 그 열매는 성령의 열매로 나타난다. 신약 교회는 그 열매를 맺어야 한다. 그 열매는 짐승들에게 먹힐 것이다. 그러나 그 결과 온 땅에 두루 그 열매가 퍼지게 될 것이다(요 12:24, 롬 1:13, 6:21, 22, 7:5, 8:23, 15:28, 고전 16:15, 골 1:6, 10). 교회는 아낌없이 열매를 따먹히는 방법에 의해 이 땅을 정복하게 될 것이다. 그래서 온 세상이 생명으로 충만한 숲을 이루게 될 것이다.

18. 휘장이 찢어짐

마태복음 27:45-56을 이렇게 보면 어떨까?

들어가면서

이 성소 휘장이 찢어진 사건에 대한 일반적인 해석은 "하나님께 나아갈 길이 열렸다"라는 것이다. 즉 지성소와 성소의 구분이 없어졌다는 차원에서 본문을 해석하는 것이다. 이것은 다분히 히브리서 저자의 해석에 영향을 받고 있는 것으로 생각되어진다. "그러므로 형제들아 우리가 예수의 피를 힘입어 성소에 들어갈 담력을 얻었나니 그 길은 우리를 위하여 휘장 가운데로 열어 놓으신 새롭고 산 길이요 휘장은 곧 저의 육체니라"(히 10:19-20). 히브리서가 말하고 있는 것은 예수님이 제물로 당신의 몸을 드려 온전한 제사가 이루어졌고, 그 결과 대제사장이 지성소에 들어감 같이 우리가 지성소에 들어갈 수 있게 되었다는 것이다. 히브리서 기자는 본문을 단지 구약의 제사의 맥락에서 설명하고 있는 것이다. 이러한 히브리서 기자의 견해에 문제가 있는 것은 아니지만, 이 점만 부각하면 휘장이 찢어진 사건의 의미를 충분히 드러내지 못하는 것이라고 생각되어진다. 휘장이 찢어짐의 의미는 무엇일까?

1. 유대인들의 세계관

휘장을 비롯해서 성소와 그 안에 있는 모든 성물들은 모두 상징적인 의미를 지닌 것이다. 특히 유대인들의 세계관을 반영하고 있는 것이다. 그러므로 휘장이 찢어짐의 의미를 알려면 우리는 먼저 그 세계관을 이해해야 한다. 유대인들의 세계관을 가장 잘 엿볼 수 있는 것이 둘째 계명일 것이다. 출애굽기 20:4 "너를 위하여 새긴 우상을 만들지 말고 또 위로 하늘에 있는 것이나 아래로 땅에 있는 것이나 땅 아래 물 속에 있는 것의 아무 형상이든지 만들지 말며." 여기에 보면 위로 하늘에 있는 것, 아래로 땅에 있는 것, 그리고 땅 아래 물 속에 있는 것으로 3가지로 구분한다. 즉 유대인들은 세상을 하늘과 땅과 물로 나누어 생각했다.

이것은 성경에서 반복되고 있는 사상이다. 출애굽기 20:11 "이는 엿새 동안에 나 여호와가 하늘과 땅과 바다와 그 가운데 모든 것을 만들고 제 칠일에 쉬었음이라. 그러므로 나 여호와가 안식일을 복되게 하여 그 날을 거룩하게 하였느니라." 시편 146:6 "여호와는 천지(하늘과 땅)와 바다와 그 중의 만물을 지으시며 영원히 진실함을 지키시며." 계시록 10:6 "세세토록 살아 계신 자 곧 하늘과 그 가운데 있는 물건이며 땅과 그 가운데 있는 물건이며 바다와 그 가운데 있는 물건을 창조하신 이를 가리켜 맹세하여 가로되 지체하지 아니하리니." 모두 세상을 하늘과 땅과 물로 나누고 있음을 볼 수 있다.

유대인들은 세상을 하늘과 땅과 바다로 나누어 생각했다. 그런데 이러한 세계관이 구체적으로 나타난 것이 창세기의 '에덴동산'이다. '에덴'과 '동산'은 같은 곳인가? 다른 곳인가? 우리가 '에덴동산'이라고 하는 것은 정확하게 '에덴에 있는 동산'(a garden in Eden)이라는 말이다. 창세기 2:8을 보면, "여호와 하나님이 동방의 에덴에 동산을 창설하시고 그 지으신 사람을 거기 두시고" 이 에덴동산은 유대인들의 하늘, 땅, 바다의 세계관을 반영하고 있다. 첫째, 동산은 하늘이었다. 에덴동산을 보면, 먼저 하나님이 만드신 '세상'이 있었다. 그 세상 안에 '에덴'이 있었다. 그리고 그 에덴 안에 '동산'을 만들었던 것이다. 이 '동산'은 그야말로 '산'이다. 즉 '높은 곳'이다. 그래서 이곳에서부터 네 강물(비손, 기혼, 힛데겔, 유브라데)이 흘러내릴 수 있었던 것이다(창 2:10). 그리고 이 '동산'은 '하나님께서 사는 곳'이었다(창 3:8). 그리고 아담을 살게 하신 곳이었으므로 하나님과 사람이 만나는 곳이었다. 즉 동산은 영적으로 '하늘'이었다.

둘째, '에덴'은 '땅'이었다. 에덴에서 강이 갈라져 '네 근원'으로 즉 '네 모퉁이'로 흘렀다고 한다(창 2:10). 동산에선 강이 갈라지지 않았는데 동산을 벗어나서부터 네 모퉁이로 나누어져 흘렀던 것이다. 즉 이 에덴은 네 모퉁이가 있었고 이 에덴은 땅을 의미하는 것이다. 왜냐하면 성경에서 '4'는 '땅을 상징하는 숫자'이기 때문이다. 특히 이것은 바다와 대조되면서 '하나님의 백성들의 영역'을 가리키고 있다. 예를 들어, 베드로가 기도하는데 "하늘에서 보자기 같은 그릇"이 내려왔다. 그 속에는 더러운 벌레가 있었다. 하나님께서 잡아먹으라고 하셨다. 베드로는 부정한 것을 먹지 않겠다고 했다. 하나님께서는 내가 정하다고 한 것을 부정하다고 하지 말라고 하셨다. 이 환상은 이방인들이 '하나님의 백성들의 영역'에 들어올 것에 대한 환상, 즉 복음을 받을 것에 대한 환상이었다. 그런데 그 "보자기 같은 그릇"은 "네 귀를 매어 땅에 드리웠더라"(행 10:11). "네 귀퉁이"를 매었다. 땅의 사방을 가리키는 것이다. 즉 하나님의 백성들의 영역을 가리키는 것이다. 그리고 "벌레"는 부정한 짐승으로 "이방인"을 상징한다. 이방인들이 하나님의 나라(땅)에 들어온 것이다. 이러한 상징의 의미를 베드로는 알았다. 그래서 이 일 후에 이방인 백부장인 고넬료에게 가서 복음을 전했고, 그들도 복음을 받았고, 그들에게도 성령께서 임하셨던 것이다.

셋째, 이 "에덴 밖의 세상"은 '바다'였다. 에덴 밖의 세상은 이방 세상이고, 이 이방 세상은 성경에서 자주 '바다'로 상징되고 있다. 사무엘하 22:4-5 "내가 찬송 받으실 여호와께 아뢰리니 내 원수들에게서 구원을 얻으리로다 사망의 물결이 나를 에우고 불의의 창수가 나를 두렵게 하였으며"(시 65:7, 사 5:30, 17:12-13, 57:20, 렘 6:23, 겔 27:25이하, 단 7:2-3). 문자적으로 '블레셋인들의 땅'을 의미하는 '팔레스타인'에서 블레셋인들은 해양문명을 가진 자들이었다. 또한 헬라나 로마는 주로 빠른 뱃길을 이용하여 바다를 통하여 침공하였다. 자연스럽게 그들 이방인들은 바다의 민족이었고, 유대인들은 땅의 민족이었던 것이다.

한편, 이러한 세계관은 성막에서도 나타난다. 즉 성소와 지성소는 '하늘'이다. 성막 마당의 물두멍과 번제단은 '땅'이다. 그리고 성막 밖의 세상은 '바다'이다. 하늘인 성소는 제사장들만 들어올 수 있었고, 성막

뜰은 유대인들이 올 수 있었다. '유대인들의 영역'이었던 것이다. 그리고 이 성막 밖의 세상은 '이방인의 영역'이다. 그래서 이방인은 성막 안에 들어 올 수 없었다. 제사장들만이 '성소' 안에 들어올 수 있었고, '성전 마당'은 남자들은 들어 올 수 있었는데, 후에 솔로몬 성전에서는 여자들은 '여인의 뜰'까지 밖에 들어오지 못했고, 그 밖의 이방인이 들어올 수 있는 구역은 '여인의 뜰' 밖의 '이방인의 뜰'이라고 했던 것이다.

2. 삼중의 하늘

유대인들에게 하늘은 최소한 세 가지로 영역을 구분할 수 있는 곳이었다. 창세기 1:1을 보면, "태초에 하나님이 천지를 창조하시니라"고 한다. 그런데 이 말씀은 하나님의 창조의 중요한 영역 분할을 놓치게 만들 수 있다. 원문에 충실하게 번역하면 "태초에 하나님께서 하늘들(하샤마임, the heavens)과 땅(하 에레츠, the earth)을 창조하셨다"는 것이다. 하늘들(하 샤마임)은 '쌍수' 혹은 '복수'로 되어 있고, 땅(하 에레츠)은 '단수'로 되어 있다. 이 하늘이 쌍수로 되어 있다는 것은 땅에 있는 물(마임)과 대칭이 되는 하늘에 있는 물이기에 쌍수라고 설명하기도 하지만, 유대인들이 하늘을 복수로 쓴 것은 여러 하늘이 있다는 것이다. 유대인들은 하늘이 소위 삼층 구조로 되어 있다고 생각했었다. 즉 유대인들은 해달별이 머물러 있는 가시적인 하늘인 '첫째 하늘'과 영적인 존재가 차지하고 있는 '둘째 하늘'과 하나님이 거하시는 하늘 중의 하늘인 가장 높은 하늘인 '셋째 하늘'로 나누어 생각했던 것이다. 이를 다른 말로 하면,

궁창 하늘과 공중과 가장 높은 하늘이다. 그래서 바울은 자신의 체험을 말하면서 "내가 그리스도 안에 있는 한 사람을 아노니 십사 년 전에 그가 셋째 하늘에 이끌려 간 자라"라고 말한다(고후 12:2).

유대인들의 이러한 하늘의 삼중 구조에 대한 생각은 성막에서도 나타난다. 성소는 첫째 하늘인 궁창을 가리키는 것이다. 이 성소의 일곱 등대와 금 향단은 모두 하늘의 해달별과 구름을 보여주는 것이다. 성소의 떡상 위에 있는 진설병(12 떡 덩어리)은 이스라엘 12 지파를 의미하는데, 그들이 성소에 있는 것은 그들이 하늘에 속한 백성들임을 보여주는 것이다. 지성소는 하나님의 보좌(시은좌)가 있는 곳이다. 그래서 시편 68:33 "옛적 하늘들의 하늘을 타신 자" 하나님을 하늘들의 하늘을 타신 자라고 한다. 그러므로 지성소는 가장 높은 하늘(셋째 하늘)이다. 그렇다면 영적인 존재들의 영역인 둘째 하늘은 어디인가? 이것은 성소와 지성소의 중간에 위치하고 있어야 한다. 휘장이 둘째 하늘이어야 한다. 그리고 이 둘째 하늘은 영적인 존재(천사 혹은 마귀들)의 영역이다.

출애굽기 26:31-33 "너는 청색 자색 홍색실과 가늘게 꼰 베실로 짜서 장을 만들고 그 위에 그룹들을 공교히 수놓아서…그 장이 너희를 위하여 성소와 지성소를 구별하리라." 휘장은 지성소와 성소를 구별한다. 즉 첫째 하늘과 셋째 하늘을 구별한다. 그런데 그곳은 스랍들, 즉 천사들이 수놓아져 있다.

둘째 하늘(공중)이 영적인 존재들의 영역임을 성경은 여러 차례 말한다. 예를 들면, 예수님께서 공중의 새에 대해서 말씀하셨다. 하늘의 별이나 구름이나 다른 피조물로 예를 들지 않으시고 "공중의 새"라고 하셨다. 물론 예수님께서 실물 교육을 위해 사람들이 쉽게 생각하고 발견할 수 있는 "공중의 새"를 말씀하셨을 것이다. 그런데 마태복음 13:1-23에서 씨뿌리는 비유에서 길가에 떨어진 씨는 "새들이" 먹어 버린다. 그리고 이 새를 예수님께서 해석해 주시기를 "악한 자가 와서 마음에 뿌리운 것을 빼앗아 먹어 버렸다"고 한다. 이 '악한 자'는 '마귀'를 가리키는 것이 분명하다. 예수님께서 새를 마귀라고 해석하고 있는 것이다. 마태복음 13:31-32의 겨자씨 비유에서 하나님 나라의 특징은 하나님 나라가 놀랍도록 크게 성장한다는 양적인 변화와 함께 공중의 새가 깃들이는, 즉 씨를 뿌릴 때 쪼아 먹던 원수도 쉴 그늘을 제공하는 질적인 변화를 같이 언급하고 있다. 이 겨자씨 비유에서 공중의 새를 마귀로 해석하지 않으면 이러한 질적인 변화는 생각할 수 없게 된다. 지금 말하는 요점은 공중이 천사들/마귀들의 영역이라는 점이다. 바울은 에베소서 2:2에서 "그 때에 너희가 그 가운데서 행하여 이 세상 풍속을 좇고 공중의 권세 잡은 자를 따랐으니 곧 지금 불순종의 아들들 가운데서 역사하는 영이라." 즉 마귀를 공중 권세를 잡은 자라고 하고 있는 것이다.

3. 휘장이 찢어짐

휘장이 찢어진 것은 그곳에 그려진 그룹들이 찢어진 것을 말한다. 그리고 이는 둘째 하늘 영역에 대한 심판을 말한다. 즉 천사들에 대한 심판을 말한다. 그리고 이 천사들에 대한 심판은 마지막 날에 있을 사건이다. 즉 종말론적인 사건이다. 고린도전서 6:3 "우리가 (장차) 천사를 판단할 것을 너희가 알지 못하느냐 그러하거든 하물며 세상일이랴?" 바울은 우리가 앞으로 천사들도 심판할 것인데, 하물며 세상일도 판단하지 못해서 세상 법정에 고소하느냐고 고린도교회를 매섭게 책망하고 있는 것이다. 옛 언약 속에서는 천사들이 우리를 심판하지만, 새 언약에서는 우리가 천사들을 심판한다. 옛 언약 하에서는 천사들이 몽학선생이었으나, 새 언약 하에서는 더 이상 몽학선생인 천사들이 우리를 이끌지 못한다. 우리는 성령 하나님에 의해 직접 인도를 받게 되는 것이다.

사실, 계시록의 사건은 옛 언약 시대의 심판에 대한 사건이다. 왜냐하면 천사들에 의해 심판이 주도되는 사건이기 때문이다. 그러나 새 언약 시대의 심판은 성도들에 의해 주도될 것이다. 이미 살펴본 대로 바울은 우리가 천사를 판단(심판)할 것이라고 했다. 이것에 대한 모형론적인 사건이 휘장이 찢어진 사건이다. 예수께서 휘장을 찢으심으로 휘장의 영역, 즉 둘째 하늘의 천사들을 심판하셨다.

예수님께서 천사를 심판하실 것이 종말론적인 사건이라는 것은 히브리서에서 분명해진다. 시편 8:5 "저(인자)를 천사보다 조금 못하게 하시고 영화와 존귀로 관을 씌우셨나이다." 히브리서 2:7 "저를 잠간 동안 천사보다 못하게 하시며 영광과 존귀로 관 씌우시며." 이 두 구절을 비교해서보면 "조금"과 "잠간"의 차이가 있다. 즉 "조금"이라는 질적인 차이는 "잠간"이라는 시간적인 차이로 바뀐다. 그러나 본질적으로 시편의 이 예언은 예수 그리스도에 의해 적용되고 성취된다. 예수님은 "잠시" 인간의 몸을 입으셨다. 그리고 십자가에서 죽으셨다. 히브리서 2:9

"오직 우리가 천사들보다 잠간 동안 못하게 하심을 입은 자 곧 죽음의 고난 받으심을 인하여 영광과 존귀로 관 쓰신 예수를 보니 이를 행하심은 하나님의 은혜로 말미암아 모든 사람을 위하여 죽음을 맛보려 하심이라." 이는 마귀를 없이 하시며(히 2:14), 죽기를 두려워하는 모든 자들을 놓아주기 위해서이다(히 2:15). 그리고 이는 천사를 붙들어 주려 하심이 아니다(히 2:16). 천사들에게 복종할 시대는 끝이 난 것이다. 히브리서 2:5 "하나님이 우리의 말한 바 장차 오는 세상을 천사들에게는 복종케 하심이 아니라." 그러므로 휘장이 찢어진 결과는 지성소와 성소의 구분이 없어지고, 그래서 우리가 하나님께로 나아가게 된 것만이 아니다. 이는 단지 성전 안에서 일어난 장소적인 사건이 아니라, 옛 시대에서 새 시대로 전환을 보여주는 구속사적인 사건이다.

나가면서

휘장이 찢어지고 천사들이 심판을 받았다. 이 사건은 뒤로 돌아보아 창세기 3:24의 동산 동편을 지키는 그룹들의 일이 끝났음을 의미하는 것이다. 그래서 하늘 성소로 가게 된 것을 말하는 것이다. 그리고 앞으로 계시록 20장의 "백보좌 심판"을 내다보는 일이다. 그래서 새 하늘과 새 땅이 만들어지는 것이다. 계시록 21:1에서 새 하늘과 새 땅은 모두 단수로 되어 있다. 즉 하나의 하늘과 하나의 땅이다. 이제 모든 하늘들이 하나로 통합되었다. 한 하늘이 된 것이다(이 때 이방인의 영역인 '바다'는 없어지고, 바다의 보석인 진주는 길에 돌처럼 흔하게 드러나는 것이다). 창세기

1장의 천지 창조와 계시록 21장의 천지 창조는 다른 차원의 창조인 것이다. 이것은 예수 그리스도의 십자가 사건으로 이루어졌다. 그래서 휘장이 찢어지고 예수님께서는 마지막 선언을 하실 수 있었다. 그러므로 "다 이루었다"는 것은 휘장이 찢어진 것을 보시고 하신 말씀으로 믿어진다(요 19:30).

인자의 임함

마태복음 24:34-37을 이렇게 보면 어떨까?

들어가면서

조약돌처럼, 심각한 논쟁을 거친 논점들은 이쪽도 저쪽도 수용하기 쉬운 형태로 변형될 가능성이 있다. 게다가 복잡한 주제들일수록 학자들은 그것을 단순화시키고 도식화하거나 일반화하려는 경향이 있는데, 이런 과정 가운데 '일반화의 오류' 혹은 논쟁적 사각 지대가 생길 수 있을 것이다. 그러한 예 중의 하나가 19세기에 시작된 '하나님 나라의 시제'에 관한 논쟁일 것이다. 21세기에 이르러서 그 논쟁은 하나님 나라가 '이미' 도래했으나 '아직' 오지 않았다는 소위, 'Already…but not yet'의 구도로 일단락 된 듯하다. 즉 하나님 나라를 현재적인 것인 동시에 미래적인 것으로 보는 것에 어느 정도 합의를 본 것이다. 그러나 이는 신약성경에서 임박한 종말, 특히 파루시아의 시기에 대한 말씀을 해석하는 것에 대한 혼란을 야기했다. 그래서 임박한 파루시아의 때에 관한 말씀을 수 천 년 뒤에 일어날 일들로 해석하거나, 파루시아를 상징적인 것으로 보기 시작했고, 심지어 소위 '공중 재림'이나 '재림의 연기' 같은 신학적 변명들이 생겼다. 만약 본문의 "이 세대가 다 지나가기 전에 이 일들이 다 이루리라"(마 24:34)나 "이스라엘의 모든 동네를 다니지 못하여 인자가 오리라"(10:23) 같은 종말의 때가 임박했음을 가리키는 본문들을 신약성경이 기록된 1세기 상황에서 읽는다면, 어떤 결과가 있었을까? 지금처럼 여전히 21세기 이후의 어느 한 시점으로, 즉 not yet의 범주로 명백한 임박한 종말에 대한 가르침들마저 미루었을까? 그렇지 않을 것이다. 만약 이것을 AD 70년 예루살렘 멸망으로 이해한다면 그것이 갖는 구속사적 의미는 무엇일까?

1. 심판의 복음

마태복음은 '새 창조'의 책이다(1장). 새 창조는 옛 창조 세계의 심판을 전제한다. 마태복음의 전반부는 새 창조를 위한 새로운 출애굽이 기록되었으며(2장), 옛 언약의 마지막 선지자인 세례 요한의 등장과 사라짐을 통해 세대교체가 나타난다(3장). 이는 옛 언약과 새 언약의 전환점이고, 하나님 나라가 이 땅에 도래했음을 보여주는 획기적인 사건이다. 그래서 이제 옛 언약의 12지파를 대체하는 12제자에 의한 새로운 이스라엘이 조직되었고(4장), 예수님은 그 나라 백성들이 취해야할 바람직한 삶의 태도를 '산상수훈'을 통해 가르치신다(5-7장). 여기에서 제자들은 이미 천국을 소유한 것으로 말하는데, 이러한 하나님 나라의 현재성은 옛 언약의 끝이 왔음을 알리는 것이다. 옛 언약의 끝은 새 언약의 시작과 맞물려 있는데(고전 10:11 "말세들을 만난 우리"), 이러한 중첩의 기간이 끝나면, 옛 언약의 끝, 즉 유대주의의 끝이 도래할 것임을 자연스럽게 암시한다(cf. 갈 4:21-31). 주기도문에서 하나님의 나라가 임하게 해 달라는 기도도 이런 차원에서이해 해야 할 종말론적 기도이다. 예수님은 당신의 왕권을 자연계와 영계의 통치에 대한 기적을 통하여 보이신다(8-9장). 또한 예수님은 하나님 나라의 도래를 알리기 위해 제자들을 파송하신다(10장). 이 '제자파송 강화'는 제자들이 전한 복음에 대한 두 가지 다른 반응, 즉 영접과 거절에 따른 심판과 보상의 메시지로 구성되어 있다.

여기에서 복음의 메시지들은 주로 옛 이스라엘의 심판이라는 종말론적인 주제들을 지닌 것이었다. 그래서 제자들은 이방인이 아닌 '이스라엘의 잃어버린 양들'에게 파송되어진다(10:6). 그러나 유대인들은 거절하고(11-12장), 천국 복음의 메시지(13장)를 제자들은 환영한다(14-17장). 그래서 소위 '교회 강화'를 통하여 미래의 심판의 경고를 도덕적인 호소들을 재강화하면서 제자들의 공동체에 요구한다(18장). 이제 예수님의 관심은 옛 이스라엘의 회복이 아니다. 침몰하는 '옛 이스라엘 호'에서 새 언약 교회로 갈아타도록 요청하신다(19-22장). 이제 이 복음을 거부하는 자들에게는 마지막 심판만이 남아 있을 뿐이다(23-25장). 회개의 기회를 잃고 복음을 거부한 옛 이스라엘에 대한 철저한 응징이 예고되는 것이 '종말 강화'이다.

그 가운데 23장은 유대 지도자들에 대한 심판을 말하는 것이고, 24-25장은 예루살렘과 그 성전의 멸망을 예언한다. 그리고 예수님의 십자가의 수난과 죽음과 부활은 옛 언약의 파기와 새 언약의 세움이라는 구속사를 완성한다(26-28장). 마태복음은 예수님께서 옛 창조의 끝에 오셔서 옛 창조 세계를 심판하고 새 창조를 완성하심을 보여주는 책이다.

2. 마태복음 23장

마태복음 23장은 유대 지도자들에 대한 심판을 말하는 것이다. 그들은 '모세의 자리'에 앉은 자들이다(23:2). 모세의 자리에 앉은 바리새인과 서기관들은 율법을 해석하며 가르쳤다. 그들의 가르침은 "무거운 짐을 묶어" 사람의 어깨에 지우는 것이었다(23:4). 이 '묶는다'는 말은 '푼다'는 표현과 함께 율법의 해석에 사용되는 전문적인 용어였다. 그들은 율법 해석에 있어서 무거운 구전의 짐을 지우고, 정작 자신들은 건드리기조차 하지 않으려고 했다. 이 율법을 위반하는 자들은 성전에서 돈을 내도록 했다(레 5:14-6:7). 그리고 그 돈을 자신들이 차지했던 것이다.

그래서 그들에겐 팔복이 아닌 팔 화가 내려진다. 이 팔 화의 내용들은 팔복과 연관성을 지닌다. 특히 마지막 화는 선지자들을 핍박하고 죽였기 때문에 바리새인들을 저주하는 것인데(23:29-36), 이는 의를 위해 핍박을 받는 여덟 번째 복과 대조가 된다. 특히 "의인 아벨의 피로부터 성전과 제단 사이에서 너희가 죽인 바라갸의 아들 사가랴의 피까지"(23:35), 선지자들의 피를 흘린 죄는 점진적으로 준비된 것이었다. 바리새인들은 선지자들의 피를 흘린 조상의 피의 양을 채워가야 했다(23:32). 여기에서 '채운다'는 말은 부정과거 명령법으로 단회적인 동작을 명령하는 것이다. 이는 예수님을 십자가에서 죽이심을 염두에 둔 것으로 보인다. 선지자들의 피 흘림은 예수님의 피 흘림으로 이어졌고, 이는 박해자들에 대한 심판을 가져왔다. 순교자의 피의 호소는 신원되어지기 때문이다(계 6:9). 바리새인들에 대한 심판은 예루살렘에 대한 심판을 불가피한 것으로 만들었던 것이다.

이어지는 본문은 그 심판의 시기와 내용, 그리고 장소에 대해서 언급하고 있다. "진실로 너희에게 내가 말한다. 이 모든 것들이 이 세대 위에 임할 것이다"(23:36). 심판의 시기는 "이 세대"이고, 그 내용은 "이 모든 것들"이다. 여기에서 "이 세대"는 종종 '악한', '신실치 못한' 등의 수식어가 붙어서 불신 세대를 암시한다(cf. 마 12:41-42, 45. 12:39, 16:4, 17:17). 그들은 선지자들을 죽인 자신들의 조상들과 일치하는 악한 세대를 포함하는 바리새인들과 서기관들이고(23:31, 35), 파루시아 이전에 예수께서 보낸 메신저들을 죽일 자들이다. 그들은 위선자들이며(23:3-7, 13, 15, 23, 25, 27, 29), 교만한 자들이며(23:5-12), 영적인 소경들이며(23:16-17, 19, 24, 26), 불법자들이며(23:28), 어리석은 자들이다(23:17). 그들은 제자들을 죽이고 못 박을 것이며(23:34), 그들은 많은 사람들을 미혹하여 하나님 나라에서 쫓아낼 것이고(23:13-15), 지옥으로 보낼 것이다(23:13-15, 33, 35-36). 그러므로 "이 세대"는 예수님의 말씀을 듣고 있는 당시에 살고 있는 자들을 나타내는 것으로 보는 것이 타당할 것이다.

한편, 심판의 내용은 복수형인 "이 모든 것들"인데, 이는 심판의 내용이 하나가 아님을 알게 한다. 즉 앞의 '화있을진저'로 시작하는 여덟 개의 저주들과 연관됨을 볼 수 있다. 즉 앞에서 언급한 모든 저주들이 예수님 당시의 유대인들에게 임할 것이라고 보는 것이 자연스러울 것이다.

그런데 그 심판이 "너희들의 그 집"(마 23:38, 한글성경에는 '너희 집')에 대한 심판으로 모아지고 있는 것을 보게 된다. 이 "너희들의 그 집"은 무엇을 가리키는가? 혹자는 이것을 '유대 국가'로 보기도 하고, '성전'이나 '전체 도시' 혹은 전체로서 '민족'으로 보기도 한다. 집이 갖는 다양한 상징성을 생각해 보면, 물론 "너희들의 그 집"이란 표현은 다양하게 적용될 수 있을 것이다. 그러나 이 "너희들의 그 집"이란 표현은 정관사를 가지고 좀 더 제한적으로 쓰였다. 그러므로 이는 예루살렘의 사람들이 알고 있는 그 집이며, 그들 모두의 집이다. 즉 예루살렘 '성전'을 가리키고 있음을 알 수 있다. 그런데 예루살렘 '성전'은 원래 '하나님의 집'이었다. 그러나 이제 '사람의 집'이 되어 버린 것이다. 그래서 하나님은 하나님의 새로운 집인 '신약 교회'를 세울 필요가 생긴 것이다. 그 예루살렘은 이제 황폐해져서 버려질 운명에 처한다. 이제 심판의 초점이 유대지도자들에서 무리들에게로 전환되고, 예루살렘에서 성전으로 전환됨을 놓치지 말아야 할 것이다.

3. 마태복음 24-25장

태초의 시작부터 세계는 하나의 중앙 성소, 곧 예루살렘에 있는 하나의 성전을 둘러싸고 유기체를 이루었다. 그러나 이제 옛 언약의 중심인 성전은 파괴되고, 새 언약 하에서 참된 예배를 드릴 때가 도래한다(요 4:21-23). 마태복음 24장은 옛 언약의 중심인 성전의 파괴에 대해서 언급한다.

감람산에서 제자들은 예수님께 물었다. "어느 때에 우리들에게 이런 일들이 있겠습니까? 그리고 당신의 그 임하심과 그 세대의 끝의 그 징조는 무엇입니까(24:3)?" 이는 "이 일들이 일어나는 시기는 어느 때?", "당신의 그 임하심의 때, 즉 그 세대의 끝의 징조는 무엇?"으로 묻는 것이다. 여기에서 중요한 것은 이 '세대'(aion)라는 말인데, 이는 '세상'으로 번역할 수도 있다. 그러나 이 질문에 대한 답을 하는 중에 34절에서 "이 세대가 지나기 전에 이 일이 다 이루리라"라고 했고, 제자들은 여기에서 자신들에게 언제 이런 일들이 일어날지를 묻고 있다. 그러므로 '세상'이 아닌 '세대'로 보아야 할 것이다.

그리고 주님의 오심(parousia), 즉 소위 '파루시아'라는 용어는 '도착'을 의미하지 '귀환'(return)을 의미하는 것이 아니다. 따라서 이 말은 '재림'(second coming)이라고 옮길 수 없는 것이다. 그런데 '파루시아'를 '재림'으로 번역할 때 역사 끝에 있는 재림으로 오해하게 되는 것이다. 한편 제자들에게 있어서 예루살렘의 멸망은 세상의 끝을 의미했었다. 이런 이유들로 인하여 마태복음 24장을 역사 끝에 있을 주님의 오심으로 오해했던 것이다. 그러나 이것은 예루살렘에 대한 하나님의 심판, 즉 AD 70년 사건을 의미하는 것이다.

마태복음 24장에 나타난 해가 어두워지고 별이 떨어지는 등의 우주적 대 변혁의 사건을 역사 끝에 일어날 사건들로 오해하는데, 이는 구약에서는 바벨론의 멸망(사 13:10), 에돔을 특별히 지칭하면서도 모든 민족들의 멸망(사 34:4), 애굽의 멸망(겔 32:7), 북조 이스라엘의 멸망(암

8:9), 유다의 멸망(욜 2:10), 유다와 다른 민족들에 대한 하나님의 심판(욜 3:15)등 도시들과 민족들의 멸망, 즉 정치적인 재난을 가리키는 표현으로 사용되었다. 그러므로 24:4-35은 이스라엘의 심판, 즉 예루살렘 멸망과 관련된 묵시문학적인 표현들인 것이다. 24:34-35 "이 세대가 지나기 전에 이 일이 다 이루리라. 천지는 없어지겠으나 내 말은 없어지지 아니하리라"는 말씀은 이러한 사실들에 대한 확증을 하는 것이다.

한편 이러한 예루살렘의 성전의 파괴는 종말에 있을 최후의 심판에 대한 전조가 된다. 그래서 24:36부터는 중요한 전환이 일어난다. 즉 24:4부터 예루살렘 성전의 심판에 대해서 언급하다가 24:36부터는 최후의 종말에 대한 메시지로 전환이 일어나는 것이다. "이 세대가" 지나가기 전에 "이 일"이 다 이루어 질 것이지만(24:34), 즉 예루살렘의 멸망의 시기는 분명하게 알 수 있다. "그러나 그 날과 그 때는 아무도" 알 수 없다는 것이다(25:36). 이러한 전환은 특수한 것에서 일반적인 것으로, 구체적인 것에서 원리적인 것으로의 전환으로도 볼 수 있을 것이다.

나가면서

결국 종말 강화는 세 가지 강화의 복합체이다. 첫째는 유대 지도자에 대한 심판이고(23:1-39), 둘째는 예루살렘 성전에 대한 심판이고(24:1-35), 셋째는 최후의 심판이다(24:36-25:46). AD 70년에 일어난 예루살렘의 멸망과 성전의 파괴는 반복되지 않는 유일한 구속사적 사건이다. 왜냐하면 창세로부터 지금까지 이런 환란이 없었고 이후로도 없을 것이라 했기 때문이다(24:21). '노아 홍수' 사건과 비교해 보면, 이는 환난의 극심한 정도 때문이 아니라 이러한 구속사적인 의의 때문에 전무후무한 사건인 것이다. 구속사는 예수님의 탄생과 수난과 십자가, 부활과 승천으로 끝나는 것이 아니라, AD 70년 예루살렘 멸망, 즉 옛 언약에 대한 심판으로 완성된다. 이 사건은 또한 오늘날 역사 속에서도 여전히 의미가 있는 것인데, 이 AD 70년 예루살렘의 멸망과 성전 파괴는 옛 언약 백성에 대한 심판의 완성이며, 동시에 역사 끝에 있을 새 언약 백성들에 대한 구원과 불신자에 대한 심판의 완성의 전조가 되는 것이기 때문이다. 우리는 종말 강화를 포함하여, 임박한 파루시아의 때 혹은 시기에 대한 본문을 but not yet(그러나 아직)의 영역에 묶어 두어선 안 될 것이다. 성경이 기록될 당시에 그것은 not yet(아직)이었다. 그러나 지금은 already(이미)의 영역에 속한 것이다.

20. 속히 오리라하신 주님

계시록 22:6-21을 이렇게 보면 어떨까?

들어가면서

공관복음서들과 달리, 요한복음은 예수님 생애의 마지막 부분에 대해서 자세하게 기록하고 있다. 그래서 소위 '수난 기사'가 2/5 정도를 차지한다. 이는 다른 복음서들과 비교해서 상대적으로 많은 분량임에 틀림이 없다. 그런데 왜 예수님 생애의 마지막 부분에 주목한 요한이 마태(24-25장), 마가(13장), 누가(17장)와 달리 예수님의 마지막 가르침인 소위 '종말강화'를 기록하지 않았을까? 이것은 아마 요한이 다른 책에서 이 문제를 본격적으로 다루기 원했기 때문일 것이다. 그래서 요한이 계시록을 기록했을 것이다. 이런 점에서 우리는 계시록의 내용을 대략이나마 짐작할 수 있을 것이다. 계시록은 무엇에 대한 책인가? 그리고 그것의 구속사적인 의미가 무엇인가? 그리고 우리와 어떤 관계가 있는가?

1. 옛 세상에 대한 심판

'계시록이 어떤 책이냐'라는 질문에 대한 답은 여러 측면에서 주어질 수 있을 것이다. 계시록의 문체나 형식상의 특성을 묻는 질문일 수도 있고, 내용을 묻는 질문일 수도 있다. 그러나 내용이 형식을 결정한다. 내용상으로 계시록은 사도 요한을 통해 예수께서 주신 '종말강화', 즉 종말에 대한 가르침이다(계 1:1). 그런데 성경에서 말하는 종말이란 오늘날 우리가 말하는 '역사 끝에 일어날 사건들'과는 다소 차이가 나는 개념이다.

신약성경에서 종말은 오히려 예수 그리스도의 출현으로 시작하여 세상의 마지막을 포함하는 광범위한 기간을 가리키며, 특히 예수 그리스도의 초림과 그의 사역에 관계된 모든 것이 바로 종말이란 이름으로 다루어진다. 즉 예수 그리스도의 나타나심으로부터 시작하여, 십자가 수난, 부활, 승천, 성령강림 그리고 예루살렘 멸망과 성전의 파괴를 통한 옛 언약의 심판으로 끝나는 일련의 기간들이 신약성경에서 말하는 우선적인 의미의 종말인 것이다(cf. 히 1:2, 9:26, 행 2:17, 약 5:3 등). 그러므로 계시록은 신약성경적인 의미의 종말, 즉 '역사 끝에 일어날 사건들'을 다루기보다는 '예수님의 구속사적 사건들'에 대해서 다루고 있는 것이다.

계시록이 1세기에 일어난 구속사 사건들을 다루고 있다는 또 다른 힌트는 고린도전서 6:3에서 발견할 수 있을 것이다. 바울은 "우리가 천사를 판단할 것을 너희가 알지 못하느냐? 그러하거든 하물며 세상일이랴'라고 고린도교회를 힐난한다. 이는 믿는 형제들 가운데 일어난 사건을 교회 안에서 해결하지 못해서 세상 법정으로 형제를 고소하는 문제에 대하여 바울이 엄중히 책망하는 배경 가운데 나온 말이다. 중요한 것은 '우리가 천사를 판단한다'는 말씀이다. 이것은 새 언약 하에서만 가능한 것이다. 옛 언약 백성들은 천사에 의해서 판단을 받는다. 그러나 새 언약 백성들은 오히려 천사를 판단하는 것이다.

이 원리는 율법에 대해서도 마찬가지로 적용된다. 옛 언약 백성들은 율법에 의해서 판단을 받는다. 그러나 새 언약 백성들은 오히려 율법을 판단하는 것이다. 그래서 사도행전 15장에서는 구약의 율법을 판단하여 다른 모든 금지된 율법들은 풀고 우상제물, 음행, 목매어 죽인 것, 피채 먹는 것의 4가지만 금하도록 묶었던 것이다. 율법은 '몽학선생'이다(갈 4장).

주인의 아들이 장성한 후에는 더 이상 주인의 아들 위에 군림할 수 없다. 예수님이 오신 후에는 율법은 오히려 그리스도 안에 있는 우리를 속박할 수 없게 된 것이다(갈 3:19, 24-25). 마찬가지로 천사들도 그리스도가 오심으로 이젠 새 언약 백성들의 심판을 받게 된 것이다. 그런데 계시록에서는 천사가 피조물에 대한 궁극적 심판을 수행하는 것으로 묘사되고 있다. 이것은 심판을 받고 있는 그 피조물이 '첫 피조물' 혹은 '옛 피조물'(First or Old Creation)임을 알게 해준다. 그리고 이는 또한 그 책이 AD 70년에 있었던 예루살렘 성전 파괴 직전에 기록된 것임을 우리에게 말하는 것이다.

2. 사도행전의 짝

계시록은 옛 언약 백성에 대한 심판을 말한다. 이는 옛 창조의 세상이기도 했다. 새 창조는 예수님께서 승천하셔서 성령을 보내신 오순절에 시작되었다. 그 때 예수님은 성령을 우리에게 보내어 열방을 제자 삼도록 하고, 그럼으로 우리가 세상을 다스리게 하시었다(행 1:8). 그러나 옛 세상은 그 때 끝나지 않았다. 하나님께서 유대인과 하나님을 두려워하는 경건한 이방인들에게 옛 창조에서 새 창조로 이동하는 일련의 기간을 주셨기 때문이었다. 마태복음 23:34-38에서 말하고 있듯이, 옛 창조의 죄는 AD 70년의 예루살렘의 멸망으로 심판을 받아야 했다. 이는 오순절 이후 40년이 지난 후의 일이다.

하나님은 단순히 예수님을 배척하였다고 옛 세상을 바로 심판하시지 않는다. 하나님의 율법은 두 명의 증인의 증거가 있어야했다. 두 번째 증인은 성령님이시다. 예수님은 말씀하시기를 자기를 모독하는 것은 용서를 받을 수 있지만, 성령을 훼방하는 것은 용서받지 못한다고 하였다(눅 12:10, 행 7:51, 행 28:25-27). 수많은 유대인과 하나님을 두려워하는 사람들이 성령이 임하신 후에 회개하고 돌아왔다. 그러나 회개하지 아니하는 자들에게는 “노하심이 끝까지 저희에게 임하였다”(살전 2:14-16). 이렇듯 새 창조의 도래와 옛 창조의 끝이 중첩되는 시기에는 이삭과 이스마엘이 한 집안에 함께 있었던 시기이다. 그러나 이스마엘은 곧 쫓겨나야 했다(갈 4:21-31).

이제 이러한 점들을 감안한다면 계시록이 기록하고 있는 기간은 비록 그 시대의 마지막 사건들을 집중적으로 다루지만, 근본적으로 사도행전(과 서신서들)이 맡아서 취급하던 기간과 동일한 시대임을 알 수 있다. 그러므로 우리는 계시록을 사도행전의 짝으로 말할 수 있을 것이다. 예수님의 오심으로 옛 세상은 끝이 나고, 새 세상은 시작되었다. 그러나 옛 세상의 완전한 끝과 새 세상의 본격적인 시작 사이에 '중첩 기간'이 있어서 옛 세상은 서서히 사라지고, 세 세상은 점진적으로 흥왕하게 된 것이다. 옛 세상이 심판받고 사라짐이 계시록에서 묘사되고 있는 것이다. 그리고 같은 기간에 새 세상이 발전하는 것이 사도행전의 내용인 것이다. 계시록은 동전의 양면 같이 사도행전의 기간 동안에 옛 세상이 사라지고 심판을 받음을 말하고 있는 것이다.

3. 반드시 속히 될 일

소위 '초기설'에 의하면 사도행전은 AD 61-63년에 기록된 것으로 본다. 오순절 이후 새 언약 백성 공동체가 성장하는 모습을 그리고 있다. 계시록은 도미티안 황제 때인 AD 95년경에 기록된 것으로 보기도 하나, 그 보다 앞선 AD 68년경에 기록되었음을 주장하는 학자들도 상당수 있다. 그들의 주장을 요약하면, 크게 두 가지이다. 첫째는 예루살렘이 여전히 존재하는 것으로 이야기되며, 그 책의 많은 부분이 AD 70년의 예루살렘의 파멸을 예언한다는 것이다. 둘째는 네로 황제가 아직 살아 있는 것으로 언급되고 있다는 것이다. 네로는 AD 68년 6월에 죽었다. 그러므로 계시록은 AD 68년경에 기록되었다는 것이다.

그런데 계시록의 이러한 '초기 저작설'을 받아들이면 계시록이 AD 70년 예루살렘의 멸망과 성전의 파괴를 다루고 있음과 잘 조화를 이루게 되는데, '후기 저작설'을 받아들이게 되면 계시록의 내용이 마치 역사 끝에 있을 어떤 무시무시한 사건에 대한 예언으로 받아들이게 될 것이다. 그렇게 되면 계시록에서 주장하고 있는 내용들은 그야말로 오리무중에 빠지게 된다. 무수한 계시록 해석에 대한 가설들을 허용하게 된다. 특히 계시록 자체에서 자주 언급하고 있는 임박한 성취에 대한 표현들을 전혀 받아들이지 못하게 된다.

계시록은 "반드시 속히 될 일"이라고 했고(1:1), "때가 가까움이라"고 했다(1:3). 심지어 "그(예수 그리스도)를 찌른 자들도 볼 터이요"라고 했다(1:7). 또한 주님은 두아디라 교회 사자에게 "내가 올 때까지 굳게 잡으라"고 했다(2:25). 그 때는 "장차 온 세상에 임하여 땅에 거하는 자들을 시험할 때"라고 했고, "내가 속히 오리라"고 했다(3:10-11). "결코 속히 될 일을 보이시려고 그의 천사를 보내셨도다"라고 했고(22:6), 다시 한 번 "내가 속히 오리라"고 하셨다(22:7). "때가 가까우니라"고 했다(22:10). 또 다시 "내가 속히 오리라"고 했고(22:12), "내가 진실로 속히 오리라"고 까지 했다(22:20). 그런데 계시록의 내용을 역사 끝에 있을 어떤 사건으로 본다면 이 많은 임박한 성취에 대한 내용은 무너지는 것이다. 이 구절들이 존재하는 한 계시록은 결코 역사 끝에 있을 어떤 사건일 수 없다.

4. 인과 나팔과 대접들

계시록에서 임박한 심판의 시기에 관한 표현들은 서론과 결론 부분에서 주로 나타난다. 이는 본론의 내용 역시 임박한 심판의 메시지를 담고 있음을 짐작하게 하는 것이다. 즉 계시록은 임박한 예루살렘의 멸망과 성전의 파괴를 담아내고 있는 것이다.

계시록 4-5장은 예수께서 7개의 거대한 인(印)으로써 봉인된 책을 여시는 환상이 묘사되어 있다. 예수께서 그 인봉을 깨뜨리자, 옛 창조질서의 사슬이 풀려지게 되었고, 이제 그 책의 내용은 나팔로 선언되고, 대접으로 나타난다. 이러한 인(印)들, 나팔들, 대접(大)들을 각각 동일한 배경 위에서의 발생한 동일한 사건에 대한 반복이 아니다. 그 인들은 그 책을 개봉한다. 그 나팔들은 그 책의 내용들을 선포한다. 그 대접들은 그 내용들을 적용한다. 역사적으로 인(Seals)들은 AD 30년에 그 왕국(Kingdom)의 시작에 관한 것이다. 그리고 나팔들은 오순절부터 AD 70년 직전인 그 시대의 마지막까지에 있었던 사건에 관한 것이다. 그리고 대접들은 마지막 끝의 사건들에 관한 것이다. 물론 그 왕국은 시작과 중간과 마지막에 모두 동일한 특징들을 가졌기에 인들과 나팔들과 대접들 사이에 많은 병행되는 점들이 있도록 되어있다. 그러나 그 순서는 발전적이지(progressive), 반복적(cyclical)이지 않다.

이제 봉인에 대하여 살펴보자. 첫 번 네 가지 인이 네 마리의 말과 네 그룹으로 불리는 네 명의 말 탄 자들을 내보내는데, 여기서 네 마리의 말들은 교회이며, 그 탄 자들은 예수님이시다. 말들의 순서는 복음전파의 순서와 정복의 서열을 나타낸다. 이것은 대위임령(the Great Commission)을 이루는 순서이다. 다섯째 인을 떼실 때에 제단 아래 있는 성도들이 등장하는데, 그들은 7장에서 따로 보존되었다가, 14장에서 순교를 당한다. 그리고 그들과 모든 옛 창조의 성도들은 17-18장에서 바벨론의 멸망으로 복수를 당한다. 그 후에 20장에서 그들은 주님과 함께 보좌에 오르는 것이다(cf. 히 11:40). 여섯째 인을 뗄 때에, 옛 창조에 대한 최종적인 심판을 가로막던 것이 풀려지고, 옛 창조는 종국을 맞게 된다. 일곱째 인은 불과 같이 쏟아지는 보인다(계 8:5). 이 불은 진노의 불아 아닌 성령의 불이다(행 2장). 이제 두루마리는 열리고, 복음의 선포가 시작되어진다.

24 천사장 중 일곱 천사는 각기 선포할 말씀, 곧 울려 퍼질 나팔을 가지고 있다. 이것들이 경고인 이유는 각각의 경우에 전체의 1/3만이 파괴되기 때문이다. 첫째 나팔은 땅, 즉 유대인에 향하여 울려 퍼진다. 둘째 나팔은 바다, 즉 이방인들에 향하여 불려진다. 셋째 나팔은 물샘(계 8:10), 즉 성전(창 2:10-14, 겔 47장)을 향하여 불려진다. 넷째 나팔은 해, 달, 별에 향하여 불고 있다. 마지막 세 가지 나팔들은 모두 땅의 백성인 유대인들에 대한 화(禍)를 선포한다. 계시록 12-15장에 전개되는 나팔의 속편은 사도행전 및 서신서, 그리고 사도행전의 끝을 따르는 부분의 장면들 배후에서 작용하는 영적 실체들과 투쟁들 드러내는 '그 시대의 역사'를 상징적으로 전개하고 있다.

나팔 재앙과 같이, 일곱 대접은 최후 심판의 일곱 가지 특성을 우리에게 보여준다. 첫째 대접은 '사람들'에 대한 것인데, 이들은 반역한 유대인들에 대한 것이다. 둘째 대접은 이방인의 영역인 '바다'에 대한 것인데, 바다는 이제 완전히 죽는다. 그래서 더 이상 이방 세계는 존재하지 않게 된다. 이제 이방인은 택함을 입은 제사장 나라가 된 것이다. 셋째 대접은 성전과 그 지독한 물을 향한 것인데, 이는 성도들에 대한 하나님의 복수로서의 심판이며, 144,000명에 이르는 모든 순교자들에 대한 형벌(마 23:35)로서의 심판이다. 그래서 "어느 때까지?"라고 시원을 호소하던 제단 아래 성도들이(계 6:10) 이제는 "아멘"이라고 외치는 것이다(계 16:7). 넷째 대접은 통치자와 다스리는 자들에 관한 것이다. 다섯째 대접에서는 그 대상이 유대인에서 짐승(로마)으로 바뀐다. 여섯째 대접은 아마겟돈(HarMagedon) 전쟁을 시작하는데, 이는 시내산, 즉 교회에서의 전쟁이다. 이 후에 일곱째 대접이 쏟아지고, 계시록 6:12-17의 사건들이 다시 재현되기 시작한다. 40년 전에 멈추었던 이 심판은 이제 완성된다. 바벨론과 이방인의 영역은 무너지고, 오직 하나님의 도성만이 남게 된다. 예루살렘은 무너지는 것이다.

이 모든 사건들 후에, 즉 AD 70년에 천년왕국이 시작된다(계 20장). 솔로몬이 성전을 건축한 때부터 AD 70년까지가 1,000년임을 연대연구가 보여준다. 이것이 첫째 천년왕국으로서 더 위대한 천년왕국의 그림자였다. 그리고 21-22장의 마지막 환상은 새 하늘과 새 땅, 그리고 새 예루살렘에 대한 환상이다. 이는 최후의 심판 이후의 것이 아니다. 도성의 문은 열려 있고, 회심한 자들이 들어오고 있고, 성령과 신부는 복음을 전하고 있기 때문이다(계 21:24, 22:17). 이 새 하늘과 새 땅은 어떤 새로운 물리적인 것이 아니라 통치에 관한 것이다. 이 새 하늘과 새 땅은 예수 그리스도의 승천으로 도래하였다. 이제 예수님께서 마침내 하늘 보좌에 하나님과 함께 앉으셨기 때문에 새 하늘이 된 것이다. 또한 오순절에 성령께서 오셨기 때문에 땅도 새 땅이 된 것이다.

나가면서

옛 창조의 최후 멸망은 예수님의 공적인 입증(public vindication)이다. 예수님은 전 생애를 걸쳐서 거역하는 유대인과 옛 세상 위에 진노가 임할 것을 경고하시었다. 예수님의 부활은 당신이 어떤 분이시며 무슨 일을 하시었는지를 개인적으로 입증(private vindication)하시는 것이었다. 그러나 아무도 그 부활을 보지 못하였고, 또 예수님도 몇몇 제자들에게만 나타내 보이셨다. 그러나 원수의 도성인 예루살렘을 멸망시키는 것은 그의 공적인 입증이었다. 예루살렘의 멸망은 예수님의 예언을 성취하며, 그를 진정한 선지자요, 만왕의 왕이요, 만주의 주가 되신 것을 증거하는 것이다. 즉 구속사가 완성됨을 보이는 것이다. 이제 우리는 예수 그리스도 안에서 새 세상을 살게 된 것이다(고후 5:17).

「그리심」의 교회사에 관한 도서

● **초대교회의 신학자들**
G.R 에반스 · 박영실 역 · 410면 · 신국판 · 반양장

● **하나님과 인간, 그리고 시간(기독교적 역사이해)**
어얼 E. 케이른스 · 박영실 역 · 264면 · 신국판 · 반양장

● **초대교회사**
서요한 · 664면 · 신국판 · 양장

● **중세교회사**
서요한 · 892면 · 신국판 · 양장

● **르네상스와 종교개혁**
윌리엄 에스텝 · 라은성 역 · 655면 · 신국판 · 양장

● **로마카톨릭주의와 복음주의**
가이슬러 · 맥켄지 · 라은성 역 · 746면 · 신국판 · 양장

● **교회사 안에 나타난 이단과 정통**
헤롤드 O. J. 브라운 · 라은성 역 · 704면 · 신국판 · 양장

● **역사신학 (상)**
커닝험 · 라은성 역 · 상 - 812면 · 신국판 · 반양장

● **페트루스 다미아니와 중세의 교회개혁운동**
김봉수 · 464면 · 신국판 · 양장

● **중세의 수도원 개념과 교회개혁운동**
김봉수 · 476면 · 신국판 · 반양장

● **영원을 사모하는 마음** – 하나님이 주신 역사의식
김봉수 · 326면 · 신국판 · 반양장

- **성경에서 역사를 만나다**
  김봉수 · 400면 · 신국판 · 반양장

- **교부들의 신학사상**
  조병하 · 430면 · 신국판 · 반양장

- **한부선 평전(가장 한국적인 미국 선교사)**
  박응규 · 512면 · 신국판 · 양장

- **한국장로교회와 근본주의**
  신종철 · 310면 · 신국판 · 반양장

- **스코틀랜드 교회사**
  G. D. Henderson · 홍치모 역 · 277면 · 신국판

- **위대한 여인들의 발자취들 : 초대교회 편**
  라은성 · 416면 · 신국판 · 양장

- **천상의 누이들 : 중세교회 편**
  라은성 · 456면 · 신국판 · 양장

- **이단과 정통 (학생용 · 일반신도용)**
  라은성 · 456면 · 신국판 · 양장

- **서양문명의 정체성**
  임희완 · 358면 · 신국판 · 반양장

David Chilton 박사는 Reformed Theological Seminary 출신으로 오랫동안 Gary Noth를 중심으로 한 Reconstruction Movement에 참여했고, 켈리포니아의 The Church of the Redeemer를 목회하기도 했다. 그는 과거론적 종말론(preterist eschatology) 진영의 영향력 있는 세 권의 책을 저술했는데, *Paradise Restored*(1985), *The Days of Vengeance*(1987)와 *The Great Tribulation* (1987)이 그것이다. 그 중에 본서인 Paradise Restored는 소위 '통치 종말론'의 성경적 개요를 제시하고 있으며, 동시에 *The Days of Vengeance*의 서론 역할을 하고 있다. '부분적 과거주의' 에서 '완전 과거주의' 로 학문적인 전환을 할 즈음인 1994년 이후 갑작스런 심장마비로 45세 젊은 나이에 하나님의 부르심을 받았다.

W. Robert Godfrey는 이 연구를 사려 깊은 크리스천들을 염두에 두고 썼다. 그는 성경이 항상 하나님과 그의 백성들 사이의 관계에 초점이 맞춰진 언약적인 기록이라는 것을 주지하면서 그 본문을 심도 있게 연구한다.

"W. Robert Godfrey는 성경 본문을 어떻게 읽어야 하는지를 이해하고 있다. 창세기 1장은 오늘날 혼란의 와중에 있는데, 그는 분명하고도 적절하게 초점을 맞추어 기록하고 있다. 그에 의하면, 창세기 1장은 언약적이고 문학적이며 우리를 위한 것이다! 나는 이 책을 여러 사람들에게 나눠주고 싶다." –BRYAN D. ESTELLE

조르단은 1991년 플로리다 나이스빌(Florida Niceville)에서 성경연구기관인 Biblical Horizons을 설립하여 성경연구에 전념하며 정기적으로 컨퍼런스를 갖고 있다. 그는 신약과 구약을 자유롭게 넘나들며 성경적 상징주의(Biblical Symbolism)이라는 독특한 분야를 주도하면서 개혁주의 성경연구에 중요한 획을 긋고 있는 중요한 학자이다. 조르단의 글들은 도덕적이고 모범적인 해석에 치우친 한국교회에 신선한 충격이 될 것이다. 그러나 조르단의 글들은 독특하여서 이해가 용이하지 않다. 그의 계시록에 대한 연구는 부분적 과거주의(Partial Preterism) 입장을 취하는데, 이는 계시록의 대부분의 내용들이 1세기 당시에 성취되었고, 재림만 남았다고 보는 견해이다.

세례자
요한
김 인 철 지음
그리심